Kharmohra

L'AFGHANISTAN AU RISQUE DE L'ART

ART UNDER FIRE IN AFGHANISTAN

Mucem *ACTES SUD*

La guerre a depuis toujours alimenté la réflexion politique. On connaît le raisonnement de Platon au sujet de la *stasis*, la discorde entre membres d'une même Cité. Cette inimitié entre Grecs représente une véritable calamité, dont Platon expose et dénonce le niveau pathologique, car la *stasis* est une "maladie". Le passage qui traite de la *stasis* dans *La République* répond à une démonstration très éclairante : dans l'exposé des conditions d'une Cité juste, la critique de la discorde précède l'exposé de la nécessité, pour le dirigeant, d'agir en fonction de la théorie des Idées. Dans cette situation, la discorde disparaîtra, mais également le *polemos*, la guerre offensive vers l'extérieur, puisque l'étranger barbare ne sera plus un ennemi, mais deviendra un membre à part entière de l'identité grecque.

Renouant en quelque sorte avec les guerres incessantes de l'Antiquité, l'Afghanistan – terre de l'Empire d'Alexandre et des royaumes grecs – a connu des décennies de guerres, à la fois *polemos* et *stasis*. La résistance contre l'URSS (1979-1992) est suivie par la guerre civile (1992-1996), puis par le gouvernement des talibans (1996-2001). Il faut attendre 2001, avec la chute de ce régime et la mise en place de programmes internationaux de développement, pour que le pays sorte de son isolement. Pourtant, dès 2005, se produisent à nouveau des affrontements, et les attentats deviennent le mode opératoire dans les villes, et en particulier à Kaboul. L'Afghanistan entre dans une période où la guerre s'étend au même rythme que les programmes de reconstruction. Dans cet environnement paradoxal, une création artistique se développe de façon autonome.

C'est ce récit qu'ont entrepris, à travers des invitations de onze artistes, les deux commissaires de cette exposition, Guilda Chahverdi (curatrice, directrice de l'Institut français d'Afghanistan entre 2010 et 2013) et Agnès Devictor (université Paris I-HICSA-FRE Mondes iranien et indien).

Le Mucem a accueilli avec enthousiasme cette initiative, soutenue activement par l'ambassade de France à Kaboul et l'Institut français d'Afghanistan.

C'est qu'en effet l'Afghanistan, relié depuis toujours au monde méditerranéen, illustre la confrontation de la création artistique à la violence qui produit des effets sur les formes artistiques et les pratiques culturelles, et où la peur est à la fois moteur et frein à la création. Si l'Afghanistan semble représenter un cas extrême par la durée du contexte guerrier et par le maintien de formes de violence, cette situation est, hélas, loin d'être unique.

Jean François Chougnet

War has always stimulated political thought. We know of Plato's ideas about *stasis*, or discord between members of the same city. For Plato, this hostility between Greeks was a real calamity, a pathology: *stasis*, he argued, was an "illness." The passage on *stasis* in *The Republic* is part of a very enlightening demonstration. In expounding the conditions of a just *polis*, the critique of discord comes before the argument concerning the need for the leader to act in accordance with the theory of ideas. In this situation, discord will disappear, as also will *polemos*, the war of aggression against the outside world, since the barbarian foreigner will no longer be an enemy, but will become a fully-fledged member of the Greek identity.

As if going back to the incessant wars of Antiquity, Afghanistan – the land of Alexander's empire and the Greek kingdoms – has been through decades of wars, both *polemos* and *stasis*. Resistance against the USSR (1979–92) was followed by civil war (1992–96) and then by the government of the Taliban

(1996–2001). It was only in 2001, when that regime fell and international development programmes were put in place, that the country emerged from its isolation. But conflict returned in 2005 and bomb attacks become regular occurrences in the cities, especially in Kabul. Afghanistan entered a period when war spread at the same rhythm as the reconstruction programmes. In this paradoxical environment, an autonomous art scene began to develop.

This is the history reflected in the work of the eleven artists selected by the two curators of this exhibition, Guilda Chahverdi (curator, director of the Institut Français d'Afghanistan between 2010 and 2013) and Agnès Devictor (Université Paris I-HICSA-FRE Mondes Iranien et Indien).

Mucem enthusiastically welcomes this initiative, which is actively supported by the French Embassy in Kabul and the Institut Français d'Afghanistan.

Afghanistan has always been connected to the Mediterranean world. Its situation illustrates what happens to artistic forms and cultural practices when they are confronted with violence, when fear is often both a stimulant and a hindrance to creativity. If Afghanistan can be seen as an extreme case by virtue of its long wars and continuing violence, its situation is, alas, far from unique.

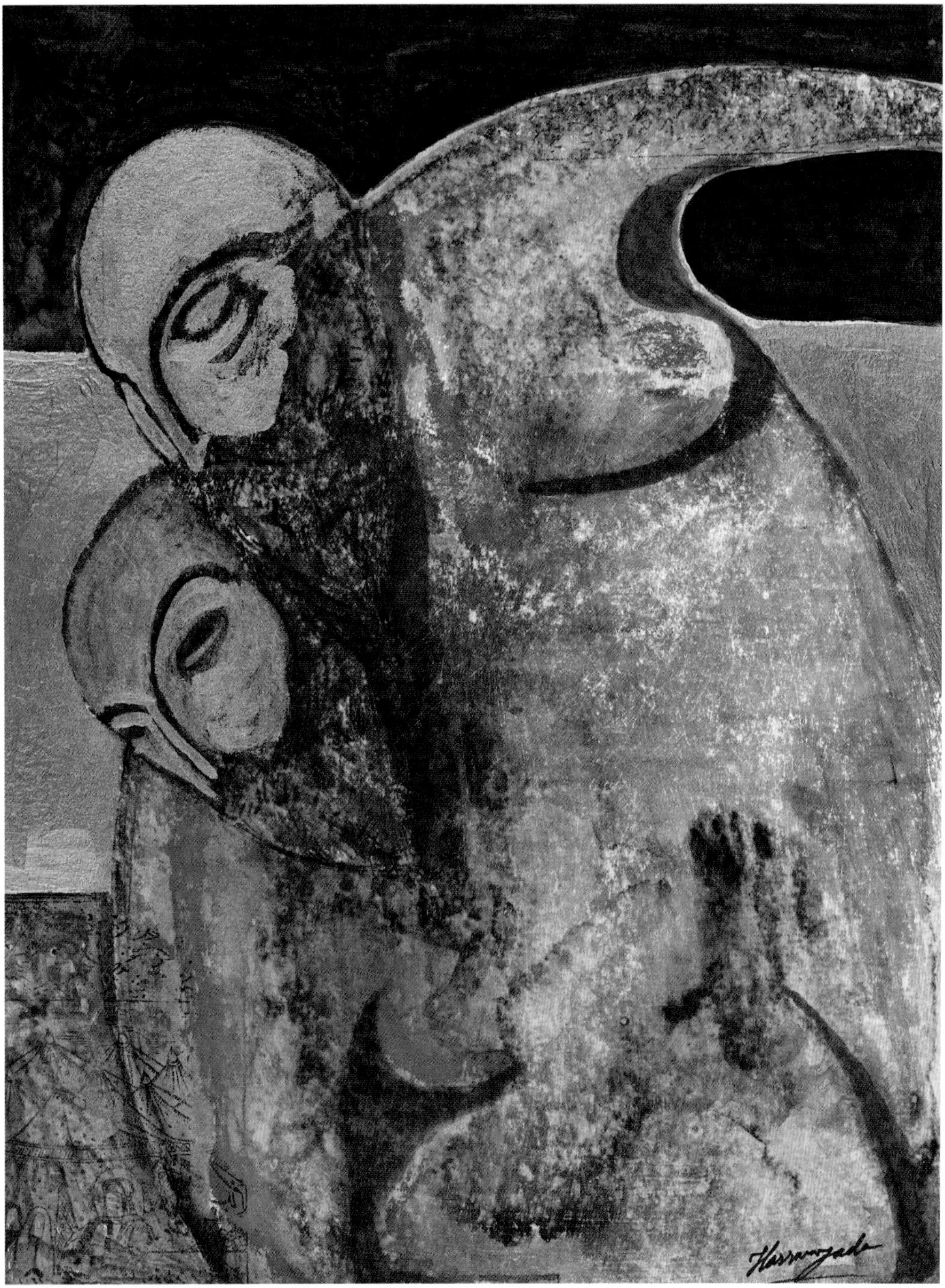

M. Mahdi Hamed Hassanzada, *Yaran, dar aghush*
[Les amants, l'étreinte | The lovers, the embrace], Istanbul, 2017
Encre et acrylique sur carton | Ink and acrylic on cardboard
38 × 28,5 cm Collection particulière

Le souffle des artistes

Guilda Chahverdi
et Agnès Devictor

Certains sont assis ou accroupis, d'autres debout, une tasse de thé à la main. L'atelier se situe au dernier étage d'un complexe commercial, aux extrémités de la ville. Ils observent une toile posée contre un mur. Abstraite, saturée d'épais aplats gris, elle exprime l'horreur. Ils échangent, questionnent, critiquent et plaisantent. Ces plasticiens afghans se réunissent par petits groupes, échangent sur les travaux des uns et des autres, interrogent les formats, les choix techniques, tout autant que les sujets. À Kaboul ou en province, ils témoignent d'un vif désir de créer, d'échanger, d'avancer, de lutter contre l'isolement et de ne céder ni à la facilité ni au conformisme dans leurs créations. Ils ne sont qu'un des multiples visages d'une scène artistique contemporaine afghane, jeune, masculine et féminine, autodidacte ou formée durant des années d'exil à l'étranger, qui s'est épanouie depuis le début du XXIe siècle, là où personne ne l'attendait, dans l'un des contextes sécuritaires le plus dégradés de la planète. Cette jeune génération défie les carcans religieux, les traditions et les normes sociales. Surtout, elle explore des formes visuelles et sonores, recherche dans les couleurs et les matières de quoi rendre compte d'un drame intime ou collectif, réinvente des traditions dans le conte ou l'art sacré de la calligraphie en déstructurant les mots, provoque par des performances urbaines les normes établies.

De guerres lasses

Depuis 1979, des guerres de différentes natures ont meurtri ce pays, entraînant des vagues migratoires, un continuel exode rural, une fragilisation des structures de l'État central, particulièrement dans l'éducation et le système de santé. L'isolement du pays s'est accru durant la guerre civile (1992-1996) puis sous le gouvernement des talibans (1996-2001), tristement célèbre pour le dynamitage des statues de Bouddha à Bamyan et le violent contrôle des mœurs qu'il a imposé aux femmes. En 2001, avec la chute de ce régime et la mise en place de programmes internationaux de développement, le pays sort de son isolement. Les Afghans exilés en Iran et au Pakistan reviennent, avec bien souvent un bagage éducatif et des expériences professionnelles. Les échanges économiques internationaux trouvent un nouvel élan, l'accès à internet brise les distances et élargit les horizons.

C'est dans ce contexte que les activités culturelles et artistiques trouvent un terreau favorable : le photographe Reza crée Aïna, une ONG qui dispense des formations dans le domaine de la photographie, Ariane Mnouchkine initie la troupe du théâtre Aftaab, les Ateliers Varan montent une école de réalisation documentaire à Kaboul... Le Goethe-Institut, le British Council et l'Institut français d'Afghanistan (IFA) accompagnent le développement du secteur culturel en organisant des manifestations culturelles, des formations et des échanges ou en soutenant les initiatives des associations locales.

Pourtant, dès 2005, la paix est remise en question par les affrontements entre le gouvernement afghan soutenu par les forces de la coalition internationale et les talibans. Les attentats deviennent le mode opératoire habituel des insurgés, notamment dans les villes et surtout à Kaboul. Le 26 février 2010, Séverin Blanchet, qui dirige les formations des Ateliers Varan, meurt dans un attentat. L'Afghanistan entre dans une période insolite où la guerre se déploie en même temps que les programmes de reconstruction (urbanisme, éducation, santé, etc.). C'est dans cet environnement paradoxal, habité tant par l'enthousiasme de la reconstruction, de la connaissance, des expériences nouvelles que par la peur d'une menace de plus en plus aiguë, qu'une création artistique se développe de façon autonome. Le public répond présent aux événements, il est garant de ce dynamisme.

Ainsi, en moins de quinze ans, émergent les formes d'une expression artistique contemporaine qui confirme que l'Afghanistan s'inscrit dans l'ère de la mondialisation, de la circulation des hommes, des idées et des techniques. Toutes les disciplines sont explorées : théâtre, photographie, musique, peinture, installation, danse, performance urbaine, vidéo, sculpture... et de nouveaux espaces culturels ouvrent dans les villes. En 2012, la dOCUMENTA organise sa treizième édition d'art moderne et contemporain, notamment à Kaboul, faisant participer les artistes émergents de cette nouvelle scène. L'événement apporte un changement de regard à l'échelle internationale sur l'art contemporain afghan. Aman Mojadidi, artiste et critique d'art, trait d'union entre la scène artistique afghane et les curateurs internationaux, interroge par ailleurs la part d'exotisme qui résulte des œuvres nées de cette collaboration. En effet, derrière le circuit artistique institutionnel et globalisé qui s'intéresse à cette nouvelle scène ressurgissent quelques vieux démons repérés par les *Postcolonial Studies*.

Ce dynamisme de la scène culturelle et artistique afghane connaît un violent coup d'arrêt avec l'attentat suicide survenu le 11 décembre 2014 dans la salle de spectacle de l'Institut français d'Afghanistan à Kaboul. La compagnie de théâtre Azdar donnait alors la première de *Battements de cœur : le silence après l'explosion*, dont le sujet était justement les conséquences d'un attentat dans la capitale afghane. Perpétré par un jeune kamikaze, l'attentat fait trois morts et une vingtaine de blessés. L'IFA était alors un lieu majeur pour la culture dans la capitale et donnait le ton de ce qui était encore possible. À la suite de ce drame, la scène culturelle et artistique, qui résistait dans ce contexte de tension, est profondément affaiblie. Le retrait des troupes américaines commencé la même année, et avec lui le départ de nombre d'internationaux, fragilise davantage la sécurité du pays.

Depuis, la problématique sécuritaire est devenue plus centrale dans la création contemporaine afghane. Elle a eu des effets directs sur les espaces d'exposition, les formats, le rapport au public, avec la suppression de toute forme de communication liée aux manifestations. Elle a également fait augmenter de manière vertigineuse les budgets de sécurité des quelques opérateurs internationaux, qui sont restés des sources de financement de la culture. Mais la scène culturelle ne disparaît pas pour autant après 2014, comme en témoignent les festivals des films d'archives, celui de théâtre étudiant, celui de films réalisés par des femmes, la multiplication des productions audiovisuelles par des opérateurs privés, les tentatives répétées d'ouvertures de lieux culturels populaires. Mais monter sur les planches, tenir un espace d'exposition, une salle de cinéma ou simplement se rendre dans un lieu culturel ne se fait plus sans danger. Prendre un tel risque modifie la valeur attribuée à l'art et à la culture. Cette résistance face à la menace et à un futur incertain passe aussi par de jeunes collectionneurs qui investissent dans des œuvres, créent leur collection pour valoriser la création contemporaine afghane mais aussi pour qu'un marché de l'art puisse exister. Ils affirment ainsi leur croyance dans l'avenir.

Kharmohra

À côté de l'islam, religion officielle, toutes sortes de croyances populaires prospèrent. Celles qui concernent la pierre de *kharmohra* (littéralement "la pierre de l'âne") existent depuis des siècles en Afghanistan. On lui attribue nombre de vertus, elle apporte le bonheur et invite au rêve… Elle a toutefois un prix et une fois qu'on l'a en main, la coutume veut que l'on se rende auprès d'un mollah pour qu'il souffle dessus des versets du Coran afin que le vœu se réalise. L'artiste plasticien Abdul Wahab Mohmand compare la question de la sécurité à la pierre de *kharmohra*. Toutes deux ont un coût élevé, mais aucune ne s'avère efficace. C'est au nom de la sécurité qu'en 2001 l'intervention internationale sous commandement américain s'est déployée, puis qu'ont été dépensés plus de 1 000 milliards de dollars pour reconstruire le pays et garantir la paix. Progressivement, des murs sont apparus dans la ville, la circulation a été limitée, les contrôles redoublés, la liberté de parole a été fragilisée. Les rêves se sont effondrés devant ce constat sans appel : les conditions de la sécurité quotidienne ne sont toujours pas réunies et sans doute qu'elles ne le seront jamais.

Toutefois, les croyances restent prégnantes et les traditions continuent d'étouffer une partie de la société, comme le montre le sort réservé à la jeune Farkhunda, lynchée à mort le 19 mars 2015 devant la mosquée de Shah-e Do Shamshira pour avoir osé remettre en cause les pratiques superstitieuses et lucratives d'un mollah. Ce meurtre a bouleversé une partie de la société afghane, réveillé une conscience commune, une volonté de justice et un sentiment de révolte. Pour de nombreux artistes, Farkhunda est devenue une source d'inspiration. Quelques jours après ce meurtre, Leena Alam et des acteurs de la compagnie de théâtre Azdar (à peine trois mois après l'attentat survenu à l'IFA) ont rejoué le drame de Farkhunda sur les lieux même du crime.

Structure et choix d'œuvres

Il existe très peu d'expositions et d'ouvrages sur l'art contemporain afghan, encore moins en France. *Kharmohra* ne prétend pas à l'exhaustivité et revendique au contraire un regard singulier, centré sur une seule des veines qui irriguent la création afghane, celle de la réponse des artistes aux attentats et aux dangers des traditions rétrogrades.

Le contexte historique, politique et artistique dans lequel un art contemporain parvient à s'affirmer est présenté par des chercheurs et membres d'ONG spécialistes de l'Afghanistan. Le parcours de l'exposition s'articule autour de quatre axes. Il s'ouvre sur l'environnement immédiat des habitants de la ville, sur la façon dont les artistes en dessinent le visage – souvent hostile – et donnent à entendre son pouls. Ils s'y mettent en scène, détournent ses murs, s'emparent de la rue et provoquent les limites sécuritaires et les traditions. Le parcours invite ensuite à percevoir comment les artistes vivent l'insécurité. Ils expriment leurs désillusions et les menaces permanentes qui irriguent leurs œuvres ou les paralysent, bloquant jusqu'aux structures du langage. Un troisième axe est attentif aux formes de révoltes, qu'elles soient exprimées par des artistes hazaras (ethnie minoritaire et cible principale des attentats), des homosexuels ou des femmes, dont la présence est toujours refoulée dans l'espace public. Le dernier axe est dédié aux multiples réponses poétiques, voire mystiques, explorées par les artistes qui témoignent que, toujours, un souffle subsiste.

Ce livre et l'exposition qu'il accompagne rassemblent les œuvres de onze artistes – ce choix ne s'est pas fait sans renoncements amers. Majoritairement jeunes, ils ont pour la plupart vécu leur enfance en exil, ont eu accès à une éducation voire à une expérimentation de la scène culturelle avant de rentrer en Afghanistan. Ceux qui y vivent aujourd'hui, comme Moshin Taasha, Latif Eshraq, Aziz Hazara, Farzana Wahidy, Asar Laiq et Morteza Herati, sont confrontés à l'insécurité, ou l'ont été avant leur départ, comme Kubra Khademi, qui vit à Paris depuis 2015. M. Mahdi Hamed Hassanzada s'est installé en août 2018 à Chicago après deux années passées à Istanbul, Abdul Wahab Mohmand a choisi l'exil en Allemagne en 2018. Zolaykha Sherzad vit, quant à elle, entre Kaboul, l'Europe et New York.

Le choix des artistes et de leurs œuvres est bien sûr motivé par la pertinence de la correspondance entre leur création et la problématique de l'exposition. Nous avons également été attentives à rendre compte des réalités sociales de la scène artistique plus qu'à répondre à des logiques de quotas et au politiquement correct : il y a ainsi plus d'hommes que de femmes, plus d'artistes hazaras que pachtouns, ouzbeks ou tadjiks, plus de créateurs parlant le dari que le pachto.

Les artistes exposés ont exprimé une préoccupation commune, celle de raconter des histoires et de créer une continuité entre elles, qui font le passé et qui s'écrivent aujourd'hui au détour d'une conversation. Chacun tente d'inscrire des motifs, des objets ou des visages traditionnels dans un temps contemporain, où la civilisation connaît une mutation sans précédent.

Écouter la parole

L'exposition fait une large place aux voix. Le livre répond à l'importance de cette dimension par le choix d'écouter les paroles de ces onze artistes. Elles ont été recueillies en France, à Istanbul, parfois par des rencontres virtuelles, mais surtout à Kaboul, dans les lieux mêmes où ils et elles travaillent. Il était essentiel de suivre l'évolution de chacun dans le temps, d'écouter leurs récits de vie, leurs doutes, leur révolte, la manière dont ils surmontent la peur, mais aussi de les entendre s'interroger sur ce moteur paradoxal que constituent les conditions extrêmes dans lesquelles ils vivent et créent.

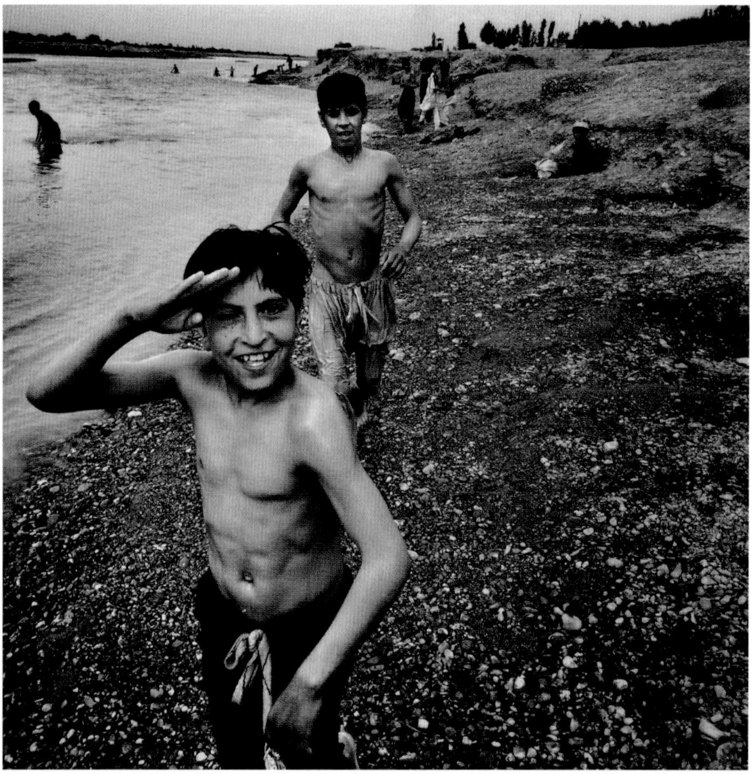

Morteza Herati, “Batchah ha-ye rudkhanah, seri-ye I”
[Les garçons du fleuve, série I | River boys, serie I], 2016
Photographies | Photographs
Collection de l'artiste

Guilda Chahverdi
and Agnès Devictor

The Inspiration of Artists

Some are sitting or squatting, others standing, a cup of tea in their hands. The studio is located on the last floor of a shopping centre, on the outskirts of the city. They are looking at a canvas placed against a wall. Abstract, saturated with flat expanses of grey, it expresses horror. They discuss, question, criticise and joke. These Afghan artists meet up in small groups to discuss each other's work, analysing formats and technical choices as much as their subjects. In Kabul or in the provinces, they show a keen desire to make art, to exchange and move forward, to fight against isolation and not to be facile or conformist in their work. They are but one of the many faces of Afghanistan's contemporary art scene, a scene that has flourished since the turn of this century, in a place where no one was expecting it, in one of the most dangerous places on the planet. Men and woman, self-taught or trained during their exile abroad, this young generation is defying religious strictures, traditions and social norms. Above all, it is exploring visual and aural forms, experimenting with colours and materials in order to express a personal or collective drama, reinventing traditions of storytelling or the sacred art of calligraphy by destructuring words and provoking established norms with their urban performances.

War-weary

Since 1979, a succession of wars of different kinds have torn the country apart, leading to waves of migration, a continuing rural exodus, and a weakening of state structures, particularly in education and the healthcare system. The country's isolation deepened during the civil war (1992–96) and then under the Taliban government (1996–2001), notorious for its destruction of the Bamiyan Buddhas and the violence with which it clamped down on women's freedoms. In 2001, the fall of this regime and the inception of international development programmes ended that isolation. Afghans exiled in Iran and Pakistan returned, often having gained an education and professional experience. International trade was boosted while access to the Internet reduced distances and broadened horizons.

This new situation was also conducive to culture and the arts. The photographer Reza created Aïna, an NGO that provides training in his discipline. Ariane Mnouchkine mounted the Aftaab theatre group and the Varan Workshops set up a school of documentary film-making in Kabul. The Goethe-Institut, the British Council and the Institut Français d'Afghanistan (IFA) supported the development of the cultural sector by organising events, training programmes and exchanges, and by backing up the initiatives of local associations.

However, in 2005 peace was once again threated by clashes between the Afghan government, supported by the forces of the international coalition, and the Taliban. Bomb attacks become the main weapon of the insurgents, especially in the cities and above all in Kabul. On 26 February 2010, Séverin Blanchet, who was in charge of training at the Varan Workshops, was killed in an explosion. Afghanistan entered a strange period in which war was pursued alongside reconstruction programmes (urbanism, education, health, etc.). It was in this paradoxical environment, in which the enthusiasm of reconstruction, knowledge and new experiences was paralleled by the fear of growing danger that an autonomous artistic practice began to develop. And the public responded, ensuring that the dynamism continued.

Thus, over less than fifteen years, Afghanistan has witnessed the emergence of forms of contemporary artistic expression, confirming its place in the age of globalisation and of the circulation of men, ideas and technologies. Every discipline is explored here: theatre, photography, music, painting, installation, dance, urban performance, video and sculpture, and new cultural spaces are opening in the cities. In 2012 the thirteenth dOCUMENTA held a programme in Kabul, encouraging emerging artists on this new scene to take part in this major modern and contemporary art event. This changed the international vision of Afghan contemporary art. Artist and art critic Aman Mojadidi, who helped mediate between the Afghan art scene and international curators, was moved to wonder about the element of exoticism in the works resulting from this collaboration. For behind the institutional and globalised art circuit that takes an interest in this new scene we may observe the return of a few old demons identified by Postcolonial Studies.

This cultural and artistic dynamism came to a sudden end on 11 December 2014 when a suicide bomber attacked the theatre of the Institut Français d'Afghanistan in Kabul. At the time, the Azdar theatre company was performing the première of *Heartbeat: the silence after the explosion*, a play, precisely, about the consequences of a bomb attack in the Afghan capital. Three people were killed and some twenty wounded by the young kamikaze. At the time, the IFA was one of Kabul's major cultural venues and a barometer of what was still possible. After this tragedy the cultural and artistic scene, which had been doggedly withstanding the tense atmosphere, was seriously weakened. The withdrawal of American troops began the same year, along with the departure of many international workers, further undermining the country's security.

Since then, the issue of security has become even more central in Afghan art. It directly impacted exhibition spaces, formats and the relation to the public, what with the end of any kind of communication linked to events. It has also caused a vertiginous rise in the security budgets of the remaining international operators, who remain a source of finance for culture. And yet the cultural scene did not totally disappear after 2014, as can be seen from the festivals of archive films, of student theatre and of films by women, from the multiplication of television productions by private operators and the repeated attempts to open cultural venues for a mass audience. But treading the boards, running an exhibition space or cinema, or simply visiting a cultural space are things that can longer be done without danger. Taking such a risk changes the value attributed to art and culture. The resistance to such threats, the refusal to accept a future without hope, is also exemplified by the young collectors who are investing in works of art, creating a collection in order to showcase contemporary Afghan art, but also allowing an art market to exist. In so doing they are affirming their belief in the future.

Kharmohra

Alongside the official religion, Islam, a host of popular beliefs are flourishing. The ones that centre on the *kharmohra* stone (literally "the donkey's stone") have existed for centuries in Afghanistan. This stone is credited with numerous virtues. It brings happiness and is conducive to dreams. But it is expensive and, once acquired, it is customary to take it to a mullah so that he can whisper verses from the Koran over the stone and thus make the owner's wish come true.

The artist Abdul Wahab Mohmand compares the quest for security to the *kharmohra* stone: both have a high cost, and neither is effective. It was in the name of security that the international force under American command entered the country in 2001, and that over a thousand billion dollars have been spent to rebuild the country and ensure peace. Gradually, in the name of security, walls have grown up around Kabul, traffic access has been limited, controls redoubled and freedom of speech made vulnerable. Dreams have been shattered by this bleak fact: the conditions for everyday safety have still not been met, and no doubt never will be.

And yet, beliefs remain powerful and traditions continue to stifle part of society, as evidenced by the fate of the young Farkhunda, who was lynched on 19 March 2015 outside the Shah-e Do Shamshira mosque for having challenged the superstitious and lucrative practices of a mullah. Her murder sent shock waves through part of Afghan society, stirring a common consciousness, a desire for justice and feeling of revolt. Farkhunda has been an inspiration for many artists, too. A few days after the murder (and barely three months after the bomb at the IFA), Leena Alam and the actors of the Azdar theatre company recreated Farkhunda's tragedy on the scene of the crime itself.

The structure and choice of works

There have been very few exhibitions and books about Afghan contemporary art, and even fewer in France. *Kharmohra* does not claim to be exhaustive; on the contrary, it puts forward a singular point of view, centring on only one of the arteries that irrigates art in Afghanistan: the way artists are responding to terrorist attacks and to the dangers of regressive traditions.

The historical, political and artistic context in which contemporary art manages to assert itself is presented by researchers and members of NGOs who are Afghanistan specialists. The exhibition is articulated around four themes. It opens with the immediate environment of city dwellers, with the way artists depict its often hostile face and convey its pulse. They put themselves centre-stage, getting round walls, taking over the street and provoking both the security apparatus and traditionalists. The sequence then looks at how artists themselves experience insecurity. They express their disillusionment and speak of the permanent danger that may either nourish or paralyse their work, jamming even the structures of language itself. A third theme is the forms taken by revolt, whether this is expressed by Hazara artists (this ethnic majority is the main target of the attacks), homosexuals or women, whose presence in public space is always repressed. The final theme concerns the multiple poetical, even mystical responses explored by artists, showing that the flame is far from spent.

This book and the exhibition accompanying it bring together work by eleven artists, a selection that implied some bitterly regretted omissions. Most of them are young and spent their childhood in exile, where they had access to education and gained some experience of the local cultural scene before they returned to Afghanistan. Those who still live there today, such as Moshin Taasha, Latif Eshraq, Aziz Hazara, Farzana Wahidy, Asar Laiq and Morteza Herati, are confronted with insecurity. Others experience it before they left, as is the case for Kubra Khademi, who has lived in Paris since 2015. M. Mahdi Hamed Hassanzada moved to Chicago in 2018 after two years in Istanbul while Abdul Wahab Mohmand chose to go into exile in Germany in 2018. As for Zolaykha Sherzad, she lives between Kabul, Europe and New York.

Our choice of artists and their works is of course determined by the closeness with which their art relates to the exhibition themes. We have also taken care to take into account the social realities of the art scene rather than to simply follow the logic of quotas and political correctness. That is why there are more men than women here, more Hazara artists than Pashtuns, Uzbeks or Tajiks, and more artist who speak Dari than Pashto.

The artists exhibited here have expressed a shared concern, which is to tell stories and create a continuity between them, stories that constitute the past and that are being written now in the course of daily conversations. Each of these artists tries to inscribe traditional motifs, objects or faces within a contemporary time frame, in which Afghan civilisation is undergoing an unprecedented transformation.

Listening to words

Voices feature prominently in this exhibition. The book also responds to the importance of this dimension by choosing to hear what these eleven artists have to say. They were recorded in France, in Istanbul, sometimes in a virtual environment, but above all in Kabul, in the places where they work. It was essential to follow each artist's development over time, to listen to their life stories, their doubts, their revolt, their ways of overcoming fear, but also to hear their thoughts about the paradoxical stimulus constituted by the extreme conditions in which they live and create.

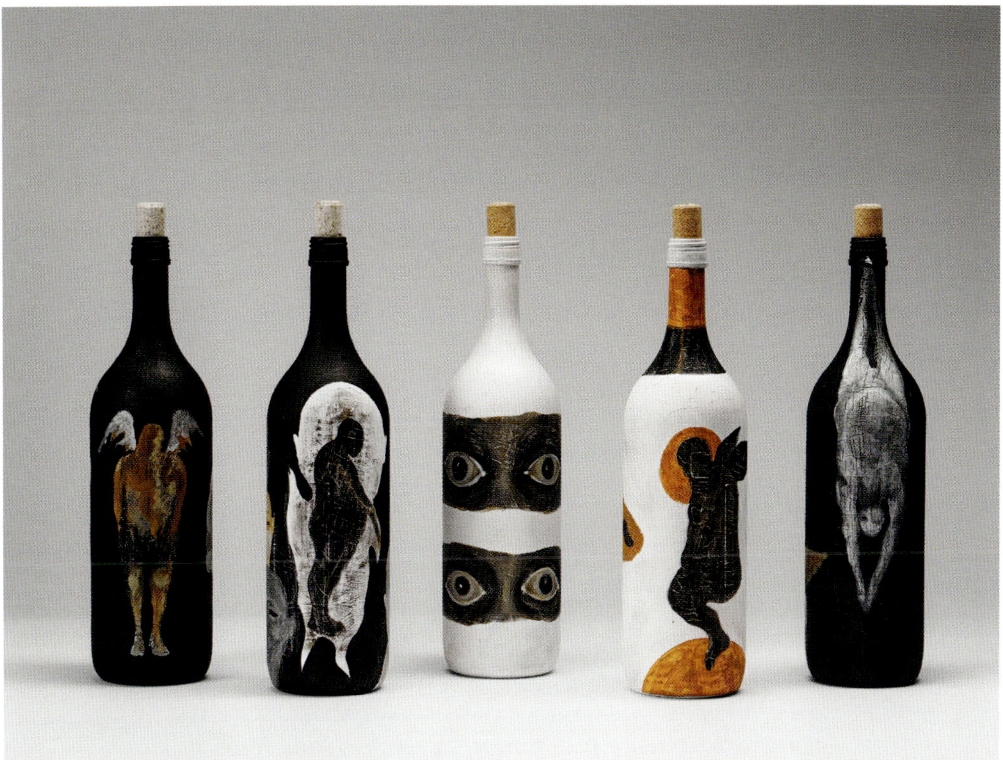

M. Mahdi Hamed Hassanzada, *Tanhai-ye khales*
[La solitude pure | The pure loneliness], Istanbul, 2017
Acrylique et gesso sur bouteilles en verre | Acrylic and gesso on glass bottles
Collection de l'artiste

L'Afghanistan : une société en guerre, une succession de révolutions

Adam Baczko

La guerre et les interventions militaires (tout d'abord soviétiques, de 1979-1989, puis occidentales, depuis 2001) ont marqué ces quatre dernières décennies, provoquant changements de régime et révolutions sociales. Ainsi en 2019, près de quatre Afghans sur cinq sont nés et ont vécu l'ensemble de leur vie dans un pays en guerre, avec des expériences de violence et d'exil déterminantes dans leur appréhension du monde et de la société.

La guerre d'Afghanistan commence en 1978, à la suite du coup d'État du Parti communiste afghan contre le président Daoud Khan. Le nouveau régime communiste engage le pays dans une révolution socialiste, décrétant des réformes radicales dans les domaines politique, juridique, économique et social. Ce projet de transformation de la société et la répression de toute forme d'opposition suscitent un soulèvement dans l'ensemble du pays. De nombreux oulémas (autorités religieuses) déclarent impie le régime communiste et proclament le jihad, une référence qui fédère les mouvements d'opposition armés (les moudjahidin) autour d'un imaginaire de luttes historiques, à la fois contre l'envahisseur étranger (les Britanniques au XIXe siècle) et contre l'État oppresseur. Le régime perd alors rapidement le contrôle de la majeure partie du pays et appelle à l'aide l'Union soviétique qui intervient le 29 décembre 1979.

L'intervention soviétique se traduit par une escalade de la violence inédite pour les Afghans qui n'ont pas connu les deux guerres mondiales. En effet, à l'exception des guerres anglo-afghanes – des conflits armés de basse intensité –, la population n'a été éprouvée que par des troubles internes. Quand les troupes soviétiques pénètrent en Afghanistan, équipées de chars lourds et d'hélicoptères de combat embarquant des forces spéciales pour opérer derrière les lignes ennemies, elles provoquent des ravages dans les rangs des insurgés. Beaucoup se battent avec des fusils Lee Enfield du début du siècle, cherchant ainsi à se distinguer par des faits d'armes pourtant dépassés par l'augmentation de la puissance de feu et la mécanisation. Cependant, en dépit de sa supériorité technologique, l'Armée rouge ne parvient pas à éliminer l'opposition armée dans les zones rurales, où un relief accidenté favorise les insurgés. De plus, les moudjahidin disposent de sanctuaires en Iran et au Pakistan, deux pays dans lesquels les gouvernements islamistes nouvellement installés soutiennent la lutte contre l'intervention soviétique. Enfin, dans le contexte de la guerre froide, les puissances occidentales, à commencer par les États-Unis, financent ceux qui luttent contre un régime inféodé à l'URSS.

Lorsque, en 1989, les troupes soviétiques finalement se retirent, la société est profondément transformée par la guerre. Parmi une population d'environ vingt millions d'Afghans en 1978, un million de civils ont été tués, plusieurs millions sont blessés (le bilan exact reste inconnu) et cinq à six millions sont partis en exil, notamment au Pakistan et en Iran, où ils vivent dans des camps de réfugiés ou dans des quartiers insalubres en périphérie des grandes villes. Par ailleurs, les mouvements islamistes se sont imposés au sein de l'insurrection et appliquent dans les régions sous leur emprise leur programme politique visant à transformer l'ordre social. Si les villes sont relativement préservées, les combats ont complètement dévasté les campagnes. Cependant, le retrait soviétique ne met pas fin à la guerre : lorsque Kaboul tombe aux mains des insurgés en 1992, les principaux commandants moudjahidin s'affrontent dans une lutte intestine pour le pouvoir. Les villes, dans lesquelles sont situées les institutions, deviennent les principaux enjeux des combats entre diverses factions. Les viols de femmes et les pratiques d'humiliation, d'animalisation et de profanation, dont la cruauté est ancrée dans la vie quotidienne, accentuent le caractère transgressif et marquent la rupture de l'ordre social. Ainsi, un commandant tenant les hauteurs de la route entre Jalalabad et Kaboul s'est rendu célèbre car il tenait un homme en laisse qui aboyait et mordait comme un chien. À Kaboul, dans le quartier de Kart-e Seh, des hommes armés collectionnaient les yeux des personnes exécutées pour espionnage. À Kandahar, entre 1992 et 1994, des cortèges accompagnaient des célébrations d'union de commandants avec de jeunes adolescents *(batcha)*. Si avoir un *batcha* était une pratique répandue avant la guerre parmi certaines élites, sa mise en scène au grand jour témoigne d'un pouvoir de se situer au-delà des normes.

La formation du mouvement taliban constitue une réaction à la guerre civile qui déchire le pays durant cette période. Il se forme en 1994 dans la province de Kandahar où le conflit est particulièrement violent. À la suite du départ des troupes soviétiques, la seule ville de Kandahar est partagée entre une douzaine de groupes armés, auxquels s'ajoutent des dizaines d'autres dans les campagnes, qui s'affrontent quotidiennement, établissant des barrages sur les routes et extorquant un droit de passage aux habitants. L'efficacité militaire et le discours de réinstauration de l'ordre des talibans attirent l'attention des puissances voisines et étrangères, telles que le Pakistan, l'Arabie saoudite et les États-Unis, qui cherchent à mettre fin à la fragmentation du pays et aux pillages découlant de la guerre. En deux ans, le mouvement taliban s'empare de Kaboul et proclame l'Émirat islamique d'Afghanistan, un régime qui prolonge la révolution engagée par les mouvements islamistes. Les expériences de vie sous l'emprise talibane diffèrent entre les habitants des villes et les campagnes. Dans les zones rurales, la victoire talibane entraîne essentiellement un arrêt des combats et un accroissement de la sécurité. Cependant, dans les grandes villes (Kaboul, Hérat), les talibans imposent un ordre moral brutal, imputant aux populations urbaines la responsabilité du régime communiste, puis des guerres intestines et des pratiques les plus transgressives dont les villes ont été le théâtre.

Le 11 septembre 2001, la coalition de commandants antitalibane, connue comme l'Alliance du Nord, est acculée dans la vallée du Panjshir : les talibans sont sur le point de gagner la guerre. Un commando d'Al-Qaïda détourne alors quatre avions civils américains et les écrase contre le Pentagone et les tours jumelles du World Trade Center. Le régime du mollah Omar refuse d'extrader Oussama Ben Laden et les États-Unis interviennent militairement le 7 octobre 2001. Washington engage une campagne de bombardements, envoie plusieurs milliers de soldats des forces spéciales et distribue 70 millions de dollars et près de 767 tonnes de matériel militaire aux commandants de l'Alliance du Nord. En quelques semaines, leurs combattants pénètrent dans Kaboul, tandis que les dirigeants talibans et les cadres d'Al-Qaïda trouvent refuge au Pakistan. L'intervention américaine installe un gouvernement sous la direction de Hamid Karzai, qui administre conjointement le pays avec les bailleurs de fonds occidentaux et les organisations internationales. Le nouveau président intérimaire, parachuté à la tête du pays sans base populaire ni militaire, est obligé de construire son administration en s'accordant avec les commandants des années 1980 et 1990. Dans les premières années, ces derniers profitent du caractère limité de l'implication américaine, les États-Unis souhaitant circonscrire leur engagement à la lutte contre Al-Qaïda. En outre, en 2003, l'invasion de l'Irak par les États-Unis et les violents combats qui suivent la chute de Saddam Hussein détournent l'attention de l'Afghanistan. Dans ce contexte, les anciens commandants reprennent la main : Ismaël Khan à Hérat, Gul Agha Shirzai à Kandahar, Abdul Rachid Dostum à Shiberghan et le maréchal Mohamad Fahim dans le Nord-Est.

Parallèlement, le mouvement taliban, défait, se réimplante dans les campagnes à partir de son sanctuaire pakistanais. De 2002 à 2004, des émissaires sont dépêchés dans le Sud et dans l'Est pour mobiliser les anciens membres et en recruter de nouveaux. Dans un premier temps, les insurgés s'installent discrètement dans les villages les plus isolés, loin des grands axes de communication, avant de resserrer peu à peu l'étau autour des villes. L'implantation dans les villages passe par l'intimidation ou l'assassinat des représentants et des relais du régime. Progressivement, les groupes insurgés se multiplient et comptent un nombre croissant de combattants, plusieurs centaines, puis plusieurs milliers au milieu des années 2000.

L'administration américaine réagit par l'envoi de troupes supplémentaires : entre 2003 et 2008, l'effectif des troupes occidentales passe de cinq mille à quarante mille. En 2009, le nombre de soldats occidentaux tués en Afghanistan (cinq cent vingt et un) dépasse pour la première fois les pertes en Irak (trois cent vingt-deux). Au lendemain de son élection, Barack Obama décide d'accroître substantiellement les troupes occidentales à plus de cent trente mille hommes, dont près de quatre-vingt-dix mille soldats américains. Comme au Viêtnam, l'accroissement de troupes alimente l'intensification des combats et les effectifs de l'insurrection qui s'étend dans le reste du pays, profitant du mécontentement de la population à l'égard de la corruption généralisée du régime de Kaboul. Lorsqu'en 2011, le président Obama annonce un retrait des troupes américaines pour 2014, le budget du régime dépend encore à 75 % de l'aide internationale, et ses forces armées nouvellement formées sont incapables de tenir seules le territoire face aux talibans. Le scrutin présidentiel de 2014, entaché par la fraude, illustre le degré de désinstitutionnalisation du régime à Kaboul. La plupart des troupes occidentales se retirent bien en 2014, mais le gouvernement est désormais cantonné aux villes, tandis que l'insurrection contrôle la majorité des régions rurales.

En dépit de son échec militaire, l'intervention occidentale a suscité une autre révolution sociale. Aujourd'hui, l'Afghanistan se donne à voir comme une société jeune (la moitié de la population a moins de dix-huit ans), plus mondialisée que jamais, ouverte aux formes culturelles et aux courants idéologiques venus du sous-continent indien, d'Occident et du Moyen-Orient. Comme l'illustre l'émergence d'une branche locale de l'État islamique, la succession de révolutions qu'ont vécue les Afghans est loin d'être terminée.

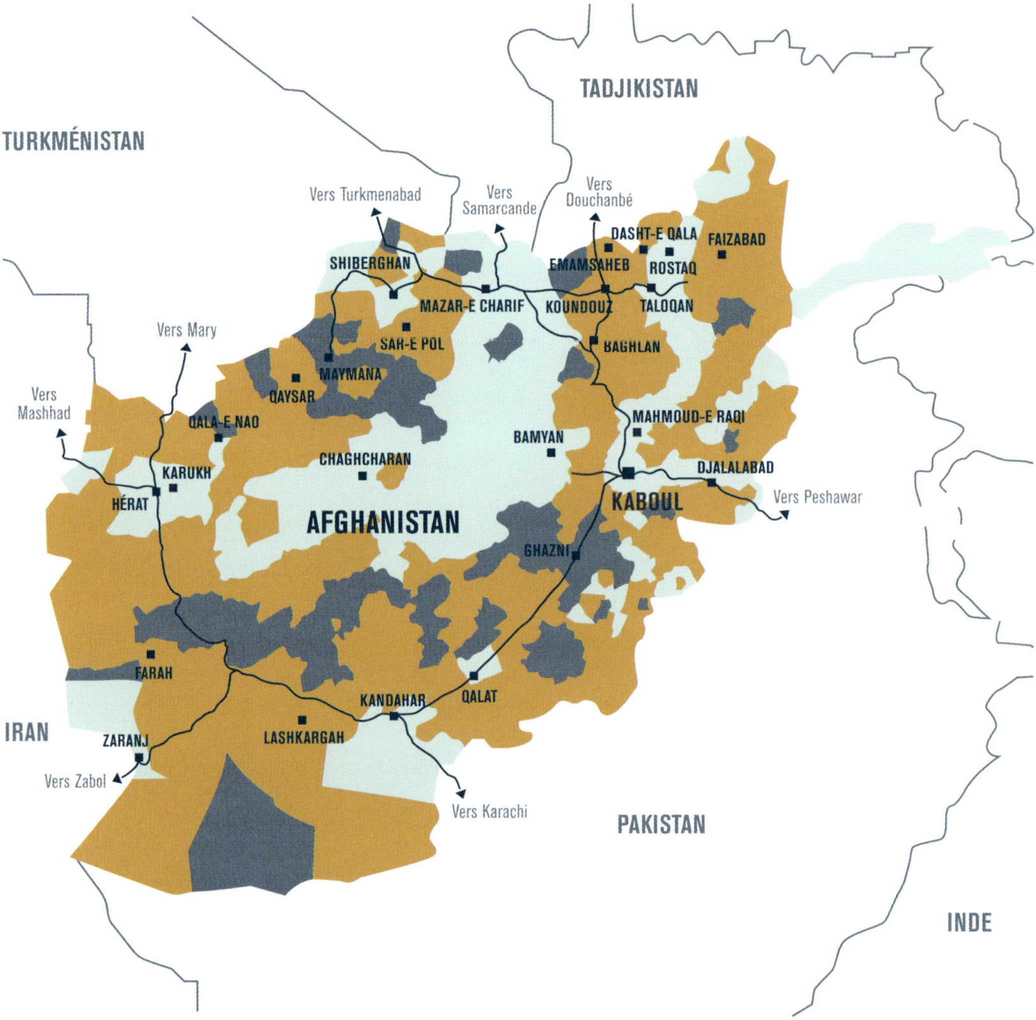

L'EMPRISE DES TALIBANS

Situation en mars 2019

- Zone contrôlée par le gouvernement
- Zone contrôlée par les talibans
- Zone disputée entre gouvernement et talibans
- Principaux axes routiers

Graphisme : Géraldine Fohr, d'après une carte de Laura Marguerritte, parue dans *Moyen-Orient* n° 42 (avril-juin 2019)

Adam Baczko

Afghanistan: a Society at War, a Succession of Revolutions

Four decades of war and military interventions (first Soviet, 1979–89, and then Western since 2001), have led to regime changes and social revolutions. In 2019, nearly four out of five Afghans were born and have lived their entire lives in a country at war, marked by experiences of violence and exile that have shaped their understanding of the world and of society.

The war in Afghanistan began in 1978, following the coup d'état by the Afghan Communist Party against President Daoud Khan. The new communist regime engaged the country in a socialist revolution, enacting radical reforms in the political, legal, economic and social fields. This project of social transformation and the repression of all forms of opposition provoked an uprising throughout the country. Many *ulama* (religious authorities) declared the communist regime unholy and proclaim jihad, a reference that federated the programs of the growing Islamist parties (mujahidin) and an imaginary of historical struggles both against foreign invaders (the British in the 19th century) and against an oppressive state. The regime then quickly lost control of most of the country and called for help the Soviet Union, which intervened on 29 December 1979.

The Soviet intervention resulted in an unprecedented escalation of violence unknown to Afghans, who were spared from the experience of both world wars. With the exception of the Anglo-Afghan wars – low intensity armed conflicts – the population had mostly been affected by internal unrest. When Soviet troops entered Afghanistan, equipped with heavy tanks and combat helicopters carrying special forces to operate behind enemy lines, they wreaked havoc on the insurgents. Indeed, many insurgents were fighting with Lee Enfield rifles from the beginning of the century and were seeking to distinguish themselves by feats of arms definitely outdated by the increase in firepower and the mechanization. However, despite its technological superiority, the Red Army was unable to eliminate armed opposition in rural areas, where rugged terrain favoured insurgents. In addition, the mujahidin could rely on sanctuaries in Iran and Pakistan, two countries in which newly installed Islamist governments were supporting the fight against Soviet intervention. Moreover, in the context of the Cold War, the Western powers, starting with the United States, financed any group ready to fight against the communist regime and the Soviet troops.

When Soviet troops withdrew in 1989, society had been profoundly transformed by the war. Among a population of about 20 million Afghans in 1978, 1 million had been killed, several million wounded (the exact toll remains unknown) and 5 to 6 million went into exile, notably in Pakistan and Iran, living in refugee camps or in poor neighbourhoods on the outskirts of major cities. In addition, the Islamist movements imposed themselves within the insurgency and apply in the regions under their influence their political program, which aimed at transforming the social order. The fighting had mainly devastated the countryside, and the cities were still relatively preserved. However, the Soviet withdrawal did not end the war: when Kabul fell into the hands of the insurgents in 1992, the main mujahidin commanders clashed in an internal strife for power. The cities, in which the institutions are located, became the main stakes in the struggle between various factions. The rape of women and the practices of humiliation, animalisation and desecration, whose cruelty was inserted into daily life, accentuated the transgressive character and marked the rupture of the social order. Thus, a commander holding the heights of the road between Jalalabad and Kabul made himself infamous, because he held a man on a leash who barked and bit like a dog. In Kabul, in the Kart-e Seh district, armed men collected the eyes of the people they had executed as spies. In Kandahar, between 1992 and 1994, processions accompanied celebrations of commanders' unions with teenagers *(batcha)*. If having a *batcha* was a widespread practice before the war among certain elites, its staging in broad daylight constituted a demonstration of the power to being above the law.

The formation of the Taliban was a reaction to the civil war that tore the country apart at that time. The movement was formed in 1994 in Kandahar province, where a radical version of the civil war was raging. Following the departure of Soviet troops, Kandahar alone was divided between a dozen armed groups, with dozens more in the countryside fighting on a daily basis, setting road-blocks and extorting residents. The military effectiveness and "law and order" discourse of the Taliban attracted the interest of neighbouring and foreign powers, Pakistan, Saudi Arabia and United States, seeking to put an end to the country's fragmentation and looting. In two years, the Taliban seized Kabul and proclaimed the Islamic Emirate of Afghanistan, a regime that prolonged the revolution initiated by Islamist movements. Experiences of Taliban rule differed between urban and rural residents. In the countryside, the Taliban conquest essentially lead to an end of fighting and increased security. However, in the major cities (Kabul, Herat), the Taliban impose a brutal moral order, blaming the urban populations for the communist regime, for the subsequent internal wars and for the most transgressive practices, many of which occurred in the cities.

On 11 September 2001, the coalition of anti-Taliban commanders, known as the Northern Alliance, had been cornered in the Panjshir Valley and the Taliban were about to win the war. Then an Al-Qaeda commando hijacked four American civilian aircraft and crashed them into the Pentagon and the twin towers of the World Trade Center. *Mullah* Omar's regime refused to extradite Osama bin Laden and the United States intervened militarily on 7 October 2001. Washington launched a bombing campaign, sent several thousand special forces soldiers and supplied $70 million and nearly 767 tons of military equipment to Northern Alliance commanders. Within a few weeks, their fighters entered Kabul, while Taliban leaders and Al-Qaeda cadres found refuge in Pakistan. The American intervention set up a government under the leadership of Hamid Karzai, which jointly administered the country with Western donors and international organizations. The new interim president, who had been parachuted into the country's leadership without a popular or military base, built his administration by accommodating the commanders of the 1980s and 1990s. In the early years, the latter took advantage of the limited American involvement, as the United States wished to limit its commitment to the fight against Al-Qaeda. In addition, in 2003, the United States invasion of Iraq and the violent fighting following Saddam Hussein's fall diverted international attention from Afghanistan. In this context, the former commanders took over: Ismael Khan in Herat, Gul Agha Shirzai in Kandahar, Abdul Rachid Dostum in Shiberghan and Marshal Mohamad Fahim in the North East.

At the same time, from the protection its Pakistani sanctuary, the defeated Taliban movement implanted itself in the Afghan countryside. Between 2002 and 2004, emissaries were sent to the South and East to mobilize former members and recruit new ones. Initially, the insurgents discreetly settled in the most isolated villages, far from the main roads of communication, before gradually tightening the grip around the cities. The implantation in the villages required the intimidation or assassination of the regime's representatives and intermediaries. Gradually, the insurgent groups became more numerous and included an increasing number of fighters, several hundred and then several thousand in the mid–2000s.

The American administration responded by sending additional troops: between 2003 and 2008, the number of Western troops increased from 5,000 to 40,000. In 2009, the number of Western soldiers killed in Afghanistan (521) exceeded for the first time the losses in Iraq (322). The day after his election, Barack Obama decided to substantially increase the number of Western troops to more than 130,000, including nearly 90,000 American troops. As in Vietnam, the increase in troops let to more intense fighting and to the spread of the insurgency to the rest of the country, taking advantage of the population's discontent with the widespread corruption of the Kabul regime. When President Obama announced in 2011 a withdrawal of US troops for 2014, the regime was still 75% dependent on international aid for its budget and its newly formed armed forces were unable to hold alone against the Taliban. The 2014 presidential election, marred by fraud, illustrated the degree of deinstitutionalization of the regime in Kabul. Most Western troops did withdraw in 2014, but since then the government remains confined to cities, while the insurgency controls most rural areas.

Despite its military failure, Western intervention sparked another social revolution. Today, Afghanistan is seen as a young society (half the population under 18 years of age), more globalized than ever, open to cultural forms and ideological trends from the Indian subcontinent, the West and the Middle East. As illustrated by the emergence of a local branch of the Islamic State, the succession of revolutions experienced by Afghans is far from over.

Migrations : exils, allers-retours, situations de latence

Lucile Martin

Une longue histoire de migration

La migration des Afghans s'inscrit dans l'histoire longue des mobilités dans la région et fait partie intégrante des modes de vie. À partir du xxe siècle, elle s'apparente à la migration saisonnière des hommes vers les centres urbains et à celle de millions de personnes qui ont migré au gré des crises économiques, de l'incertitude politique, de la violence et des conflits dans le pays. Dès le coup d'État communiste de 1978 et l'invasion soviétique de 1979, les mouvements migratoires prennent des dimensions sans précédent : entre 1979 et 1989, plus de six millions d'Afghans fuient vers le Pakistan et l'Iran. Les troubles qui secouent le pays après la chute du président Najibullah soutenu par les Soviétiques en 1992 et la guerre civile de 1993-1995 suscitent à nouveau le déplacement de milliers de foyers, comme le provoquera ultérieurement la prise de contrôle progressive du territoire par les talibans en 1996-1998. À la suite de l'invasion militaire occidentale de 2001 et de la chute du régime taliban, le pays fait face à l'une des plus grandes vagues de retours. En 2004, plus de trois millions de réfugiés quittent le Pakistan et l'Iran pour un Afghanistan qui compte alors environ 24 millions d'habitants.

Face à la détérioration de la sécurité, à l'intensification des conflits depuis la fin des années 2000, à l'érosion de l'économie et à une incertitude généralisée quant au futur du pays, beaucoup d'Afghans, en quête de stabilité, cherchent de nouveau à le quitter. Les tendances migratoires évoluent toutefois. Les politiques migratoires de l'Iran et du Pakistan, restrictives envers les migrants afghans, y rendent l'asile quasi impossible. Dès lors, ceux qui tentent de fuir le conflit et ses répercussions sociales et économiques préfèrent se tourner vers l'Europe. Alors que la migration individuelle était autrefois la prérogative de jeunes hommes, de plus en plus de jeunes femmes prennent la route de l'exil.

La migration et l'exil – une réalité composite

L'acte de migrer est souvent le fruit de processus de décision complexes, considérant les coûts économiques, sociaux et humains. Ces décisions prennent aussi en compte des informations sur la situation du pays de destination, recueillies par le biais des réseaux familiaux, amicaux et, de plus en plus, par les médias sociaux. Jusque dans les années 1990, la migration vers l'Iran et le Pakistan était motivée par la proximité géographique et linguistique des deux pays (persan en Iran et pachto au Pakistan). Des réseaux religieux existaient également entre la minorité shiite hazara en Afghanistan et l'Iran shiite. La migration vers l'Europe et l'Occident est mue en général par des espoirs de sécurité, de stabilité, d'accès aux droits fondamentaux et à des institutions qui fonctionnent. Les migrants sont néanmoins conscients des risques. La route vers l'Europe présente des coûts élevés, qui impliquent souvent des dettes considérables. Migrer suppose aussi de laisser derrière soi famille et amis et de reconfigurer ses réseaux de soutien.

Cela ne signifie pas pour autant que les mouvements migratoires opèrent dans le vide. Ils se fondent souvent sur des réseaux préétablis : des familles suivent les traces d'un oncle, père ou frère qui avait déjà migré, tandis que d'autres rejoignent un conjoint parti plus tôt, ou des proches qui peuvent fournir un soutien lors de la phase initiale de leur installation. En effet, les relations sont maintenues entre proches de part et d'autre de la frontière : elles sont facilitées ces dernières années par l'essor des technologies de communication et des médias sociaux. La migration est ainsi rarement conçue comme définitive ou irréversible, et ne constitue pas nécessairement une rupture avec le lieu d'origine. Pour ceux installés dans un pays voisin, il n'est pas rare d'effectuer des allers-retours entre les deux pays. Selon les exigences en matière de visa et de permis de résidence, il arrive que des proches viennent rendre visite, que des ouvriers rentrent pour quelques années avant de repartir en fonction des besoins de leur foyer et des avantages comparatifs, économiques ou autres, des deux pays.

Les expériences migratoires sont diverses et fonction d'une multitude de facteurs : conditions dans lesquelles le départ s'est effectué, politiques migratoires et d'asile des pays hôtes, contextes politique, social et économique, réseaux auxquels appartiennent les migrants... sans oublier les situations individuelles de chacun. L'expérience d'un ouvrier qui a immigré en Iran illégalement, qui n'a pas de statut officiel et s'appuie sur le soutien de ses collègues et de son employeur, est distincte de celle d'une famille qui a un statut de réfugié, dont les adultes ont l'autorisation de travailler – bien que dans un nombre de secteurs limités – et dont les enfants vont à l'école. Mais même dans un tel cas, l'expérience différerait en fonction de la ville dans laquelle la famille s'est établie et évoluerait à mesure des restrictions imposées par l'État iranien aux migrants afghans quant à leur mobilité, leur accès à l'emploi, à l'éducation et à la santé. Dans les cas du Pakistan et de l'Iran, où les Afghans n'ont pas les mêmes droits que les citoyens, l'expérience de la migration est souvent décrite comme une situation de discrimination, de harcèlement des autorités publiques et de racisme quotidien.

Par contraste avec une vie en Afghanistan marquée par l'insécurité et l'instabilité politique, l'expérience de la migration a parfois présenté des opportunités, notamment en matière d'accès à différents types de ressources économiques, sociales et culturelles. Les réfugiés, hommes ou femmes, ayant grandi en Iran ont reçu une éducation de bien meilleure qualité que celle dispensée en Afghanistan. Parmi ceux qui ont vécu au Pakistan, certains se sont familiarisés avec les secteurs du développement et de l'aide humanitaire au contact des ONG dans les camps de réfugiés, d'autres ont acquis une bonne maîtrise de l'anglais ou établi des contacts avec des réseaux commerciaux de part et d'autre de la frontière. À travers l'exil, les migrants ont aussi été exposés à des normes sociales et de genre, des institutions, des valeurs, des pratiques, des modèles esthétiques et des expériences de l'urbanité différentes de celles de leur pays d'origine.

L'expérience du retour : rétrospective et perspectives de la migration

Après la chute du régime taliban en 2001, avec l'espérance d'une stabilité à venir et d'opportunités dans le secteur du développement en plein essor, beaucoup de jeunes Afghans élevés à l'étranger décident de (re)venir dans les villes afghanes. Ils y arrivent souvent avec l'espoir de trouver un emploi correspondant à leurs compétences et de recouvrer les droits dont ils ont été lésés en Iran et au Pakistan.

Pour celles et ceux qui ont quitté l'Afghanistan (ou dont les familles sont parties) dans les années 1970 à 1990, il s'agit moins d'un "retour au pays" qu'un processus de rencontre, de confrontation et d'adaptation à des réalités finalement étrangères, et qui suscite des questions sur l'identité, l'intégration socioéconomique et l'accès aux droits. Après des décennies de conflits, les infrastructures sont dans un piètre état, les institutions publiques sont dysfonctionnelles et minées par la corruption. Pour les migrants qui sont nés ou ont grandi à l'étranger, il s'agit de réconcilier le pays d'"origine" imaginé avec les réalités d'une société profondément meurtrie. Ceux-ci rentrent avec des références, des comportements et des accents différents de leurs compatriotes qui n'ont pas quitté l'Afghanistan. Ces attitudes alternatives se heurtent parfois aux normes dominantes dans la société afghane, alimentant les stéréotypes sur les rapatriés et leurs propres interrogations sur la manière de réconcilier leurs pratiques avec celles qu'ils observent alors.

L'expérience de la migration devient un miroir dans lequel les migrants revenus au pays jaugent rétrospectivement l'étendue de leurs droits, la disponibilité des services publics, les interactions sociales, les distinctions de genre, la corruption et la violence. Ils endossent donc une position ambivalente d'inclus en tant que citoyen et résident afghan, et d'étranger observant les défis et les évolutions de la société afghane au travers du prisme de leur vie en exil.

Cette position d'exclu/inclus se manifeste de diverses manières. Pour les artistes migrants, elle génère une perspective originale. Lors de leur expérience à l'étranger, ils ont non seulement eu accès à des modèles esthétiques, des modes d'expression et des techniques artistiques qu'ils peuvent adapter en Afghanistan, mais ils ont également conçu des alternatives, alimentant une contestation des normes sociales, une dénonciation de la discrimination et de la violence. Le retour en Afghanistan est aussi synonyme de revendication d'un espace d'expression dont ils ont été privés en Iran ou au Pakistan et auquel ils ne sont pas prêts à renoncer.

Lucile Martin

Exile, Return and Experiences of Latency

A Long History of Migration

Afghan migration is part of a long history of mobility in the region. From the 20th century onwards, migration has been a common feature of life both internally, through seasonal migration from rural areas to cities, and abroad, for millions of individuals and households to cope with economic hardships, political uncertainty, violence and conflict that affected the country. After the Communist coup d'état of 1978 and the Soviet invasion of 1979, migratory movements took an unprecedented turn, with an estimated 6 million Afghans fleeing to Pakistan and Iran between 1979 and 1989. The turmoil that developed after the fall of Soviet-backed president Najibullah in 1992 and the civil war of 1993–95 led to new displacements, as did the progressive control by the Taliban over the country in 1996–98. After the Western military invasion of 2001 and the fall of the Taliban regime, the country witnessed one of the largest waves of return in history. By 2004, 3 million registered refugees had returned from Pakistan and Iran, in a country with an estimated population of 24 million.

With the deteriorating security and intensification of the conflict over the past decade, an eroding economy and pervasive uncertainty about the country's future, many are again seeking to leave the country in search of stability. But patterns of migration from Afghanistan have also evolved. As Iran and Pakistan have hardened their policies towards Afghan migrants and made it close to impossible to seek asylum, those who attempt to flee the conflict and its repercussions on social and economic life prefer Europe as a destination. While individual migration used to be the prerogative of male youth, more and more young women have taken the route of migration.

Composite Reality of Migration and Exile

Taking the decision to migrate is often the result of complex decision-making processes involving weighing the financial, social and human costs. Decisions take into account information about the situation in destination countries through networks of friends and relatives and, increasingly, social media. Migration to Iran and Pakistan until the 1990s was driven by mixed considerations of geographical and linguistic proximity (Farsi in Iran, Pashto in Northern Pakistan). Religious networks also existed between the Shi'a Hazara minority in Afghanistan, and Shi'a Iran. Migration to Europe and other Western countries is driven by hopes of security, stability, access to basic rights and functioning institutions. Migrants are, however, aware that migrating bears risks. The route to Europe involves significant financial costs, often at the expense of high indebtedness. Migration also implies leaving behind relatives and friends, reconfiguring networks of social and economic support.

That said, migratory movements do not operate in a vacuum. They often rely on previous established networks: households may follow the footsteps of an uncle, a father or a brother who had previously migrated, individuals may join a spouse who had left earlier, or distant relations that can provide support in the initial phase of settlement. Networks of relations are also often maintained between relatives on each side of the border, facilitated, in recent years, by information technology and social networks. Migration is rarely conceived as definitive or irreversible, nor does it necessarily constitute a clear-cut break with the place of origin. For those settled in neighbouring countries, movements back and forth are not uncommon. Depending on the flexibility of requirements for visas and residence, relatives may visit, labour migrants return home for a few years and re-migrate based on the needs of the household and the comparative opportunities, economic or other, offered in both countries.

Experiences of migration are highly diverse, depend on conditions of migration, policies of host countries towards migrants and refugees, its political, social and economic contexts, the extent and types of networks migrants are a part of, as well as individual situations. The experience of a labourer who migrated illegally to Iran, has no official status, and relies on his co-workers and employer for support is distinct from that of a family who secured refugee status, where adults are allowed to work – albeit in a limited number of sectors – and children go to school. And then again, the experience of a refugee family would differ based on the city where it is settled and would evolve overtime, as the hardening of the Iranian State's policies towards Afghan migrants restricted their mobility, access to education and healthcare. In the cases of both Pakistan and Iran, where Afghan migrants do not have access to the same rights and facilities as citizens, the experience of migration is often described as one of discrimination, harassment by State authorities, and daily racism.

That said, as compared to the insecure and politically volatile environment of Afghanistan, the experience of migration sometimes offered a number of opportunities, notably in terms of access to different sets of economic, social and cultural resources. Many of those who lived in Iran as refugees have received a better-quality education than that dispensed in Afghanistan, and among those who lived in Pakistan, some have acquired a relative familiarity with the development and aid sectors which flourished in the camps, others a good mastery of English or contacts with trade networks on both sides of the border. Migration also provided exposure to social and gender norms, institutions, values, practices, aesthetic models and experiences of urbanity different from those in Afghanistan.

Experiences of Return: Migration in Retrospect and Prospect

After the fall of the Taliban regime in 2001, initial expectations of stability and the growing prospects within the development sector in Afghanistan encouraged many Afghan youth raised and educated abroad to come to Afghan urban centres, where they faced better chances of finding opportunities in line with their qualifications, but also to re-claim the rights they had been deprived of as migrants in Iran and Pakistan.

Nevertheless, for many of those who went, or whose families went in exile between the 1970s and 1990s, return to Afghanistan is less of a "home coming" than a process of confrontation with and adaptation to realities they are largely unprepared for, and prompts questions of identity, but also social and economic integration and access to rights. After decades of conflict, infrastructure remains in disarray while public institutions are largely dysfunctional and marred by corruption. Return migrants who were born or grew up abroad have to reconcile an imagined "home" with the realities of a society affected by decades of war. They return with references, attitudes, behaviours, accents different from those who have remained in Afghanistan. These alternative behaviours sometimes conflict with those dominant in Afghan society, feeding into stereotyping of returnees by non-migrants, and raising questions, among those who return, of how and whether to reconcile their practices with those they observe in the environment of return.

In retrospect, the experience of migration becomes a mirror against which returnees assess the current situation of access to basic services and rights, social interactions, gendered division of space, corruption, and violence in society. They therefore assume an ambivalent position of insider, as an Afghan citizen and resident, and of an outsider observing the challenges and evolutions of their country through the lens of their life in exile.

This ambivalent position is manifest in diverse aspects of life. In the case of migrant artists, it gives form to a distinct perspective. Through their experience of life abroad, they have not only witnessed aesthetic models, modes of expression, and artistic techniques which they can adapt in Afghanistan, but also an alternative view on the society to which they return, which in turn feeds into their challenging of social norms, the denouncing of discrimination and violence. Return to Afghanistan also means reclaiming a space for expression they had been denied as immigrants in their former host country, and which they are not willing to give up.

L'insécurité au quotidien

Saeed Parto

Désordre, chaos, agressivité, imprévu, dépression, inquiétude, désarroi, désespoir – voilà quelques mots qu'Afghans de tous horizons utilisent pour décrire leur expérience au quotidien. Pour des personnes habituées à un environnement stable, prévisible, civil et sûr, et qui attendent du "système" qu'il les protège et pourvoie à leurs besoins, ces mots sont synonymes de conditions de vie intolérables. Et pourtant, chaque matin, les Afghans se lèvent et affrontent le chaos pour gagner leur vie et survivre un jour de plus.

En plus de ce chaos général, il y a les explosions occasionnelles, qui frappent des civils innocents se trouvant au mauvais endroit au mauvais moment. Il y a les conducteurs imprudents qui roulent à toute allure, foncent dans tous les sens, à droite, à gauche, s'engouffrant dans le moindre interstice – égoïstes et dans un mépris absolu d'autres conducteurs, passants, ou cyclistes. Il y a les checkpoints et les policiers, qui sous couvert de contrôle jettent des regards intrusifs à l'intérieur des véhicules.

Personne ne proteste et chacun tente de rester à distance de toute situation qui pourrait dégénérer et se terminer en agression, abus ou violence interpersonnelle, allant de l'insulte verbale au coup de poing jusqu'à l'usage d'armes.

Tous les Afghans souhaitent la paix et la sérénité. Toutefois, ils ont de sérieuses réserves vis-à-vis d'une paix conclue à tout prix. Beaucoup observent avec désarroi les tentatives effectuées en haut lieu pour conclure un accord de paix avec les talibans. Ils restent consternés par le manque de transparence des négociations depuis la fin de 2018, restreintes à un petit cercle d'individus et qui excluent la voix des citoyens ordinaires.

Lorsque des acteurs étrangers de l'aide au développement et certains bailleurs de fonds internationaux interrogent le désir exprimé par de jeunes professionnels afghans de tout laisser tomber pour quitter le pays, ils se voient souvent répondre en retour : pourquoi rester, au risque de tout perdre et de voir le chaos s'installer ? Ces mêmes Afghans sont aussi inquiets pour leur famille, en particulier pour leurs enfants, qui grandissent avec seulement deux à trois heures d'enseignement par jour, de piètre qualité, sans aucune activité extrascolaire, sans camarades de jeu en dehors des membres de leur propre fratrie. Même si partir signifie quitter sa patrie, tenir une épicerie, conduire un taxi ou livrer des pizzas. Au moins, les enfants pourront aller à l'école en paix pendant que leurs parents seront en sécurité.

Dans de meilleures conditions de sécurité et de stabilité, beaucoup de jeunes Afghans cherchant à partir pourraient a minima reconsidérer leur décision. Pour une paix durable, il serait nécessaire d'inclure dans les négociations les personnes mêmes que l'absence de paix affecte le plus directement.

Saeed Parto

Daily Insecurity

Disorder, chaos, aggressiveness, unpredictability, depression, worry, helplessness, hopelessness – these are among the words used by Afghans to describe their daily existence. For people accustomed to stability, predictability, civility and social security along with the expectation that "the system" is there to protect them and provide for them, these key words describe conditions that are unimaginably inhuman. And yet, Afghans wake up every morning and brave the chaos outside the home to earn a living and survive another day.

In addition to the general chaos, there are the occasional bombs that kill the innocent civilians who happen to be in the wrong place at the wrong time. There are the reckless drivers, who zoom in and out, left and right, inching their way into any available space without a care for other drivers, pedestrians, or cyclists. There are security checkpoints that stop vehicles randomly and peer into them intrusively to ensure that there are no security concerns with them or their occupants.

No one protests and everyone tries to move away from any situation that could become an argument and end up in different forms of person-to-person abuse and violence, ranging from uttering obscenities to fist fights to use of arms.

All Afghans want peace, and peace of mind. However, they have serious concerns about peace at any cost. Many are dismayed with the manner in which peace with the Taliban is being negotiated. The negotiations since late 2018 have never been fully transparent, are limited to a few key individuals, and have no room for the voices of ordinary Afghans.

When earnest international development workers, and international donors, question the expressed desire of many young professional Afghans to drop everything and leave, they typically get a question in return: why stay, given the high risk of everything being lost and full chaos returning? Afghans are also worried about their families, especially their children growing up with only two to three hours of sub-optimal schooling, no extracurricular activities, no playmates unless they are family, and no exposure to daily life outside the home. Even if leaving Afghanistan means running a shop, driving a taxi cab, delivering pizza or ending up in a refugee camp in a developed country, at least the children go to school in peace and the parents feel more secure.

Given some assurance about security and stability, many of the young Afghans currently looking to leave would at least reconsider. The least that could and should be done for lasting peace is to include in the peace negotiations the very people that peace, or lack of it, most directly affects.

Les Hazaras, de l'enclavement dans les hautes terres de l'Afghanistan à la circulation mondialisée

Alessandro Monsutti

Les Hazaras constituent une population de langue persane majoritairement shiite, qui occupe historiquement les hautes terres centrales de l'Afghanistan, une région nommée Hazaradjat ou Hazaristan. Ils sont nombreux également dans les provinces du Nord et les principaux centres urbains du pays tels que Kaboul, Mazar-e Sharif ou Hérat, ainsi qu'autour de Mashhad (en Iran) et à Quetta (au Pakistan). Dans les années 1980, les Hazaras – comme les autres groupes afghans – partent en masse trouver refuge en Iran et au Pakistan. Au cours des décennies suivantes, ils étendent leurs circulations à l'échelle du monde entier.

À la fin du XIXe siècle, l'émir de l'Afghanistan Abdur Rahman Khan lance une politique de centralisation et s'efforce de prendre le contrôle de plusieurs régions du pays qui – à l'instar du Hazaradjat – étaient restées largement indépendantes. Alors que l'émir écrase tous ceux qui s'opposent à son pouvoir autocratique, y compris au sein de son cercle familial et de son groupe tribal, les campagnes menées contre les Hazaras prennent une tournure particulièrement brutale. À l'opposition politique s'ajoute dans ce cas la polarisation religieuse : si la grande majorité de la population afghane est sunnite, les Hazaras se distinguent par leur affiliation prédominante au shiisme duodécimain. Faisant face à une forte résistance, Abdur Rahman parvient à obtenir l'appui des autorités religieuses sunnites, qui déclarent les shiites infidèles. Les Hazaras résistent longtemps avant d'être écrasés et de voir leur autonomie prendre fin. Des vallées entières sont vidées de leur population : leurs habitants sont massacrés ou vendus comme esclaves.

La soumission du Hazaradjat par Abdur Rahman, en plus de contribuer à la consolidation de l'État central, entérine ce dernier comme institution sunnite. Le XXe siècle est une période difficile pour les Hazaras. Ils sont discriminés politiquement et tendent à être considérés comme des citoyens de seconde zone par l'État, qui va progressivement étendre son emprise jusqu'à la sphère locale et leur imposer un système de taxation pesant.

Une autre conséquence importante de la guerre est l'ouverture du Hazaradjat aux nomades pachtounes, majoritairement sunnites et soutenus par l'État. Ces derniers ne sont pas seulement des éleveurs mais aussi des commerçants. En prêtant de l'argent et en vendant des produits manufacturés, ils prennent un ascendant économique sur les agriculteurs hazaras sédentaires ; ces derniers sont parfois obligés de vendre leurs biens à leurs créanciers pour rembourser les dettes, et deviennent ainsi métayers sur leurs propres terres.

Le Hazaradjat est l'une des premières régions à entrer en rébellion contre le nouveau régime communiste qui s'est installé à Kaboul en avril 1978. Des soulèvements locaux éclatent au printemps 1979 et, dès l'été suivant, la région se libère de l'emprise gouvernementale. La guerre va par ailleurs être le cadre d'une profonde restructuration sociale du territoire qui voit les jeunes militants islamistes se réclamant de Khomeyni, ayatollah shiite et leader de la révolution islamique en Iran, s'imposer militairement et politiquement aux dépens des élites tribales et des grands propriétaires terriens.

Les talibans occupent Kaboul en 1996 et assassinent le charismatique leader hazara, Abdul Ali Mazari. Ils étendent – bien qu'imparfaitement – leur emprise sur le Hazaradjat en 1998, où ils détruisent les bouddhas de Bamyan en 2001. Leur rhétorique et leur politique antishiites réactivent la crainte parmi les Hazaras d'un retour à la situation de sujétion d'antan. De plus en plus de jeunes Hazaras, qu'ils vivent en Afghanistan, en Iran ou au Pakistan, tentent de se rendre vers de nouvelles destinations, l'Europe occidentale, l'Australie, la Nouvelle-Zélande, les États-Unis et le Canada. Les réseaux familiaux et personnels s'étendent. Nombreux sont ceux qui investissent dans l'éducation comme moyen de promotion sociale, dans leur pays d'origine, dans leur pays de premier refuge ou en Occident. Intellectuels et artistes communiquent par-delà les frontières et les océans ; ils utilisent les médias sociaux pour tisser des liens qui se déploient à l'échelle mondiale.

Le renforcement progressif de la référence identitaire et la mobilisation politique parmi les Hazaras sont ainsi le résultat d'un processus sociohistorique lié à deux principales périodes de violence : d'une part, la douloureuse incorporation de leur territoire dans l'État afghan à la fin du XIXe siècle ; de l'autre, la série de conflits qui ravagent l'Afghanistan depuis le coup d'État communiste (1978) et l'intervention soviétique (1979). Ces différents épisodes ont marqué les esprits et contribué à dramatiser la distinction entre sunnites et shiites, en fournissant à ces derniers tout un registre symbolique doloriste qui se réfère aux développements politiques de l'Afghanistan mais emprunte aussi à l'histoire religieuse. En effet, pour beaucoup de Hazaras, leur destin reflète le sort tragique de l'imam Husayn, petit-fils du prophète Muhammad, tué à Karbala (aujourd'hui en Irak) en 680 de l'ère chrétienne par les forces du calife omeyyade Yazid Ier. Chaque année, lors du mois de *muharram* (premier mois du calendrier lunaire islamique), la commémoration de cet événement – qui atteint son paroxysme le dixième jour du mois, l'Ashura, date de la mort de Husayn – revêt une importance capitale pour l'ensemble des shiites du monde. Pour les Hazaras, elle est devenue un mode de présentation et de représentation de soi face à d'autres groupes considérés comme hostiles et impies, et permet d'évoquer les injustices et les violences subies.

La guerre a eu des effets paradoxaux : au-delà des massacres et du déplacement forcé de millions de personnes, elle a ouvert des espaces de liberté et de larges franges de la population ont recouvré leur ancienne autonomie. Malgré – ou peut-être à cause de – ces avancées, les Hazaras ont le sentiment d'être menacés. À bien des égards, leur situation s'est améliorée depuis l'intervention étrangère, fin 2001, et la chute du régime taliban, mais de nombreux événements ont révélé la précarité de leur nouvelle position sociale. Un épisode particulièrement dramatique, bien que non isolé, s'est produit en 2011, lors des commémorations de l'Ashura : une mosquée shiite a été attaquée à Kaboul et soixante-dix personnes ont été tuées. Dans cette situation incertaine, les Hazaras ont eu tendance à se mobiliser intellectuellement et culturellement et à organiser des circulations migratoires mondialisées.

Alessandro Monsutti

The Hazaras, from Isolation in the Afghan Highlands to Movement around the World

The Hazaras are a Persian-language ethnic group, mainly of Shiite faith, whose historical home is the central highlands of Afghanistan, a region known as Hazarajat or Hazaristan. There are also larger numbers of them in the Northern Provinces and the country's main urban centres, such as Kabul, Mazar-e Sharif and Herat, as well as around Mashhad (in Iran) and Quetta (in Pakistan). In the 1980s the Hazaras – like other Afghan groups – left the country en masse to seek refuge in Iran and Pakistan. Over the decades since then, their movement has become global.

In the late 19th century, the emir of Afghanistan, Abdur Rahman Khan, instituted a policy of centralisation and attempted to take control over several regions that, like Hazarajat, had remained largely independent. While the emir crushed all those who stood up to his autocratic power, even within his own family circle and tribal group, the campaigns waged against the Hazaras were particularly brutal, as religious polarisation compounded political opposition: for whereas the vast majority of Afghans were Sunnites, the Hazaras stood out for their predominant affiliation to duodecimal Shiism. Faced with strong resistance, Abdur Rahman managed to obtain the support of the Sunnite religious authorities, who obligingly declared the Shiites to be infidels. The Hazaras fought long before being crushed and losing their autonomy. Whole valleys were emptied of their population, their inhabitants being massacred or sold as slaves.

Abdur Rahman's subjection of Hazarajat not only consolidated the central state, it also established it as a Sunnite institution. The 20th century was a difficult period for the Hazaras. They suffered political discrimination and were treated as second-class citizens by the state, which gradually extended its grip into the local sphere and imposed a heavy tax system.

Another important consequence of the war was the opening of Hazarajat to Pashtun nomads, who were in majority Sunnite and supported by the state. They were not only breeders but also shopkeepers. By lending money and selling manufactured products, they gained economic ascendancy over the sedentary Hazaras, who were sometimes forced to sell their possessions to their creditors in order to pay their debts, thus becoming tenant farmers on their own land.

Hazarajat was one of the first regions to rebel against the new communist regime that was instituted in Kabul in April 1978. Local risings broke out in spring 1979 and, the following summer, the region liberated itself from government control. Indeed, the war saw a profound social reconfiguration of the territory as Islamic militants invoking Khomeini, the Shiite ayatollah and leader of the Islamic revolution in Iran, asserted their military and political power at the expense of the tribal elites and the big landowners.

The Taliban occupied Kabul in 1996 and killed the charismatic Hazara leader, Abdul Ali Mazari. They extended – albeit imperfectly – their power over Hazarajat in 1998, and they destroyed the Bamiyan Buddhas in 2001. Their anti-Shiite rhetoric and politics stirred fears among the Hazaras of a return to the subjection of earlier times. More and more young Hazaras, whether living in Afghanistan, Iran or Pakistan, attempted to get away to new destinations – Western Europe, Australia, New Zealand, the United States and Canada. Family and personal networks were extended. Many invested in education as a path to social promotion, in their country of origin, in their land of first refuge or in the West. Intellectuals and artists communicate beyond the borders and oceans; they use social media to forge connections on a global scale.

The progressive strengthening of the sense of identity and political mobilisation among Hazaras is thus the result of a socio-historical process linked to two main periods of violence: on one hand, the painful incorporation of their territory into the Afghan state at the end of the 19th century; on the other, the series of conflicts that have ravaged Afghanistan since the communist coup d'état (1978) and Soviet intervention (1979). These different episodes made a deep impression and helped dramatize the distinction between Sunnis and Shiites, by providing the latter with a whole symbolic register evoking suffering and referring to political developments in Afghanistan, but also drawing on religious history. For many Hazaras, indeed, their destiny reflects the tragic fate of the imam Husayn, the grandson of the prophet Muhammad, killed in Karbala (today's Iraq) in 680 CE by the forces of the Umayyad caliph Yazid I. Every year, during the month of *muharram* (the first month in the Islamic lunar calendar), the commemoration of this event, which comes to a climax on the tenth day of the month, Ashura, when Husayn died, is of capital importance for Shiites around the world. For the Hazaras, it has become a mode of self-presentation and representation in relation to other groups considered hostile or impious, and serves to evoke the injustice and violence they have suffered.

The effects of the war have been paradoxical: beyond the massacres and the forced displacement of millions of persons, it opened up spaces of freedom and wide fringes of the population regained their former autonomy. Despite of – or perhaps because of – these advances, the Hazaras have the feeling they are under threat. In many respects, their situation has improved since foreign intervention in late 2001 and the fall of the Taliban regime, but many events since then have revealed the precarity of their new social position.

One dramatic if not isolated episode occurred in 2011, during the celebration of Ashura: a Shiite mosque was attacked in Kabul and seventy people were killed. In this uncertain situation the Hazaras have responded with intellectual and cultural activism and organised global migratory movements.

De la miniature persane à l'art contemporain en Afghanistan. Mondialisation et singularité

Guilda Chahverdi
et Agnès Devictor

Les arts visuels en Afghanistan forment depuis des siècles un assemblage d'influences originaires d'Iran, de Grèce, de Byzance, d'Inde, de Chine ou même de Venise. Elles proviennent de déplacements de personnes, de groupes, d'armées, d'idées et de techniques, ainsi que de la circulation d'objets d'art et de marchandises de toutes natures. Plus récemment, ces héritages artistiques se sont enrichis grâce aux étudiants afghans partis se former en Europe au début du XXe siècle dans les écoles des beaux-arts. Le cliché d'un Afghanistan enclavé et impénétrable ne fonctionne pas en histoire de l'art. Il en est de même pour l'art contemporain qui surgit, comme en Occident, après une profonde rupture due aux guerres, à laquelle s'est ajoutée une interdiction de tout enseignement et pratique artistiques sous le régime des talibans (1996-2001), entraînant une véritable fracture dans la transmission générationnelle. Il émerge en outre dans un pays post-conflit, qui se caractérise par une très forte présence internationale.

Le fil qui semble relier en pointillé cette histoire esthétique est celui d'une "mondialisation" par les échanges de formes et de techniques, de visions du monde et de croyances, engendrant un regard singulier. De cette longue chaîne se détachent deux temps forts, deux essors créatifs : celui de l'École de peinture de Hérat (du XIVe au XVIe siècle) et celui de l'avènement d'un art contemporain afghan qui s'élabore à partir du milieu des années 2000.

Influences et turbulences

Depuis des siècles, l'Afghanistan est un point de rencontre où se retrouvent et se mêlent des influences esthétiques et de techniques. Ce creuset existe déjà lorsqu'entre le XIe et le IIe siècle avant notre ère des apports irano-hellénistiques modèlent l'artisanat et l'architecture, notamment avec la conquête d'Alexandre le Grand, avant que les legs colossaux de la période bouddhiste ne marquent durablement les paysages et les arts de ce pays jusqu'à l'arrivée de l'islam au VIIe siècle. Souvent considéré comme une religion ennemie des images, l'islam ne fait pas disparaître pour autant les arts de la figuration. Un étrange paradoxe voit même l'élaboration d'une peinture virtuose en terre d'islam oriental, traversée de spasmes récurrents d'iconophobie à différentes époques. Dans le Coran, rien ne mentionne pourtant explicitement une interdiction de l'image. Dieu y est l'unique Créateur, et le culte rendu aux divinités païennes y est explicitement condamné. Ce sont les hadiths – recueils de paroles attribuées au Prophète compilés aux IXe et Xe siècles de l'ère chrétienne –, qui sont hostiles aux images, considérées comme impures. À ce titre, elles doivent être bannies de tout espace de prière et relèvent d'un acte d'immodestie envers Dieu. Un hadith affirme ainsi que, dans l'au-delà, Dieu obligera ceux qui produisent des images à insuffler la vie à leurs personnages : ils échoueront puisqu'Il est l'unique créateur et ils seront dès lors condamnés au feu de l'enfer[I]. Au fil des siècles, des actes iconophobes entraînent des dommages matériels, jusqu'au spectaculaire dynamitage de statues de Bouddha à Bamyan en mars 2001 par la tendance la plus rigoriste au sein des talibans. Ces destructions constituent aussi un acte médiatique de la part de dirigeants politiques qui démontrent ainsi leur savoir-faire dans l'utilisation des images, avec ces explosions filmées et diffusées en temps réel d'un bout à l'autre de la planète.

Aux textes s'ajoutent des contextes, des gestes politiques et des évolutions sociales. Malgré des postures hostiles aux images, les arts figuratifs ont connu un continuel essor dans les sociétés musulmanes, avec un sommet artistique après les invasions mongoles du XIIIe siècle, quand se développent une pensée et une poésie mystiques. En dialogue avec la calligraphie coranique qui rend visible la parole de Dieu et avec l'invention de figures abstraites dans l'architecture religieuse, un art du livre prend ainsi son essor.

Le paradoxe de la miniature persane en terre d'islam oriental

Pour répondre à la commande de princes ou d'une élite fortunée, des artistes illustrent de précieux manuscrits de poésie ou de chroniques, élaborant ainsi, dans de riches ateliers royaux, la miniature dite "persane" – qui n'est cependant pas le fait des seuls artistes iraniens – entre les XIVe et XVIe siècles. Chacune de ses écoles – situées à Bagdad, Tabriz, Shiraz et Hérat – a son propre style. Exclue des lieux de prière, la miniature n'est pas réduite pour autant à une décoration profane, elle est même saturée de symboles mystiques. La beauté de Dieu se refléterait dans le monde, et l'image ainsi produite serait à nouveau réfléchie dans la miniature. Les peintres insistent sur le fait qu'il ne s'agit en aucun cas de concurrencer la création divine, bien au contraire : la miniature est un hommage à Dieu et à sa création. En outre, ces artistes se défendent de peindre des êtres pourvus d'une âme : leurs personnages sont privés d'ombre, ils n'appartiennent pas au monde réel, ils ne sont que des reflets. Sur le plan stylistique, l'art de la miniature est le fruit de rencontres, d'échanges, de migrations de motifs et d'inventions formelles spécifiques. D'abord issu de l'héritage d'une iconographie mystique de l'ancienne Perse sassanide, il s'enrichit de rencontres avec l'icône byzantine et la peinture chinoise, avec des peintres vénitiens venus à

Istanbul pour donner naissance à une forme d'expression originale. La miniature ne cherche pas à reproduire le réel de la peinture occidentale et s'éloigne délibérément de toute perspective dans une célébration absolue de la lumière. Et tout en empruntant nombre de motifs à la peinture chinoise, comme ses dragons ou ses nuages, la miniature persane, elle, ne fait aucune place au vide, mais se revendique comme pure surface et explosion de couleur.

Behzad, un maître à Hérat

L'art de la miniature atteint une ampleur et un raffinement inégalés avec l'École de Hérat, incarnée notamment par Kamaleddin Behzad (1465-1535), peintre dont le génie est reconnu de son vivant. Il associe la traduction visuelle d'une pensée mystique à l'évocation attentive, et souvent amusée, de la vie quotidienne de la cour. Son art, à la fois abstrait par la composition générale et figuratif dans le dessin, parvient aussi bien à rendre compte des émotions de ses personnages qu'à évoquer les métiers et les techniques. Spécialiste de son œuvre, Michael Barry, professeur à l'université de Princeton et à l'université américaine de Kaboul, a montré combien cet art avait été source d'inspiration, des siècles plus tard, pour l'art moderne occidental, en influençant très directement Matisse, les Fauves et les Ballets russes, spécifiquement pour le jeu entre abstraction et figuration et l'usage des couleurs saturées[2]. Mais la découverte de la miniature persane par les Occidentaux, à partir de la fin du XIXe siècle, se fait de façon sélective, et elle aussi "iconoclaste", en déchirant les manuscrits pour ne récupérer que leurs illustrations, démembrant ainsi cet héritage qui sera éparpillé dans les grands musées de la planète et les collections privées. Depuis le début des années 2000, la préoccupation de Barry est de permettre aux Afghans de renouer avec ce passé et cet art, interrompu par les guerres, la crise iconoclaste talibane et la disparition même de ces peintures en terre afghane. En 2017, il organise ainsi une exposition à Hérat, la "Florence de l'islam" comme il la nomme, non pas des miniatures de Behzad, qui, pour des raisons de sécurité, n'auraient pas eu l'autorisation d'y être exposées, mais de leurs copies agrandies. Le public, majoritairement composé d'étudiants, découvre avec fierté ce passé magnifié par le peintre. À l'université de Hérat, qui dispense à partir de 1989 des cours de peinture, le cursus renoue aussi avec cette tradition picturale, et un institut du maître Behzad est même ouvert. On y enseigne les techniques traditionnelles, et une biennale de la miniature permet d'exposer les œuvres des étudiants.

Le carcan du réalisme

Depuis un siècle, la peinture afghane est pour l'essentiel soumise à l'injonction de copier le réel, malgré quelques explorations dans le domaine de l'art moderne, initiées sous le règne d'Amanullah Khan (1919-1929). À la suite de ses voyages en Europe, le souverain met en place une politique de modernisation du pays qui concerne aussi les arts. Féru de peinture, il envoie des étudiants se former en Europe, dont le jeune Gholam Mohammad Meymanegi, qui sera reconnu comme l'un des plus grands peintres du pays. En 1967, l'université de Kaboul ouvre un département dédié aux arts, sans toutefois que l'art moderne y trouve la place qui devrait lui revenir. Déjà entravé par les impératifs de réalisme, cet art moderne connaît un coup d'arrêt avec l'invasion soviétique en 1979. Prisonniers d'une expression graphique mise au service de la propagande, les peintres, quand ils ne choisissent pas l'exil, sont envoyés à Moscou pour apprendre le réalisme socialiste. La mondialisation se rétrécit. À partir de 1992, la guerre civile se traduit par des années de destruction, peu propices au développement de gestes artistiques, avant que le régime des talibans n'interdise toute représentation d'êtres dotés d'une âme. À la faculté des beaux-arts de Kaboul, seules sont enseignées la calligraphie et la sculpture des inscriptions coraniques. Les cours informels et privés, qui ont commencé à se développer durant la guerre civile, poursuivent néanmoins leurs activités dans la plus grande discrétion.

Explorations contemporaines

Il ne suffit pas que le régime des talibans soit renversé pour qu'une liberté créatrice invente les formes aptes à rendre compte des aspirations, des émotions, des traumatismes vécus depuis des décennies par les Afghans. Le métier de peintre qui reprend dans les ateliers reste massivement celui du portraitiste de famille, du paysagiste ou du décorateur aux relents d'orientalisme. Le diktat réaliste a la vie dure. Au début des années 2000, les programmes de reconstruction internationaux intègrent la culture et financent l'enseignement, notamment artistique, à l'université et dans le cadre de formations ponctuelles. Ces dernières prolifèrent avec succès, mais laissent peu de temps pour un réel apprentissage, une réflexion sur des pratiques et des explorations formelles. Rapidement, certains de ces programmes internationaux développent des visées didactiques, instrumentalisant ces formations en invitant les jeunes artistes à traiter de grands sujets dans des expositions à thèmes. Tout en étant porteurs d'effets pervers, ces programmes organisent des *workshops* et des expositions, dans des centres culturels étrangers quand les structures locales font encore défaut. S'y rencontrent artistes internationaux et jeunes Afghans. Chez les uns comme chez les autres naît alors le désir d'explorer d'autres territoires formels. Ce contexte suscite l'audace nécessaire pour que de jeunes plasticiens afghans s'affranchissent de conventions pesantes, qu'elles soient formelles (le réalisme) ou relatives au contrôle des mœurs (en explorant des figures de l'intime). Une dynamique est lancée. Un concours d'art contemporain à l'échelle nationale (éditions en 2008, 2010 et 2013) reçoit un très bon écho et, pour promouvoir les pratiques artistiques en particulier chez les jeunes femmes, Rahraw Omarzad, artiste et enseignant, ouvre à Kaboul le Centre pour les arts contemporains (voir entretien ci-dessous). Les artistes afghans attirent l'intérêt des galeristes étrangers, et c'est ainsi qu'en 2012 la dOCUMENTA 13 s'installe en partie à Kaboul. L'Afghanistan semble redevenir un creuset où se rencontrent alors artistes internationaux, curateurs, plasticiens rentrés d'exil et enrichis de techniques et de liberté acquises à Lahore, New York ou Berlin, et qui échangent avec de jeunes artistes afghans avides de nouveaux horizons. Au temps des formations succède celui d'une expression plus libre, singulière et progressivement moins dépendante de la demande occidentale. Il s'agit dès lors de trouver des formes et des formats pour rendre compte des aspirations et des émotions d'une société fragilisée par l'insécurité, pour emprunter de nouveaux chemins qui engagent le corps dans des performances, pour provoquer une dynamique du regard avec les peintures urbaines et pour éviter toute tentation décorative en s'affranchissant, enfin, du réalisme. Mais le durcissement de la situation politique depuis 2014, avec le retour croissant de l'insécurité, le départ massif d'internationaux, la fermeture de lieux d'exposition et l'effondrement d'un circuit économique qui avait stimulé l'art, redessine une situation de plus en plus difficile pour les artistes afghans. Créer dans ce contexte peut être un moteur, comme le concèdent tout bas des artistes, en revanche cela peut aussi sidérer et ouvrir un gouffre de solitude. Alors, des peintres s'organisent en groupes et tentent d'échanger sur leurs pratiques pour lutter contre un isolement mortifère.

1. Silvia Naef, *Y a-t-il une "question de l'image" en Islam ?*, Téraèdre, Paris, 2015.
2. Michael Barry, *L'Art figuratif en Islam médiéval et l'énigme de Behzad de Hérat (1465-1535)*, Flammarion, Paris, 2004.

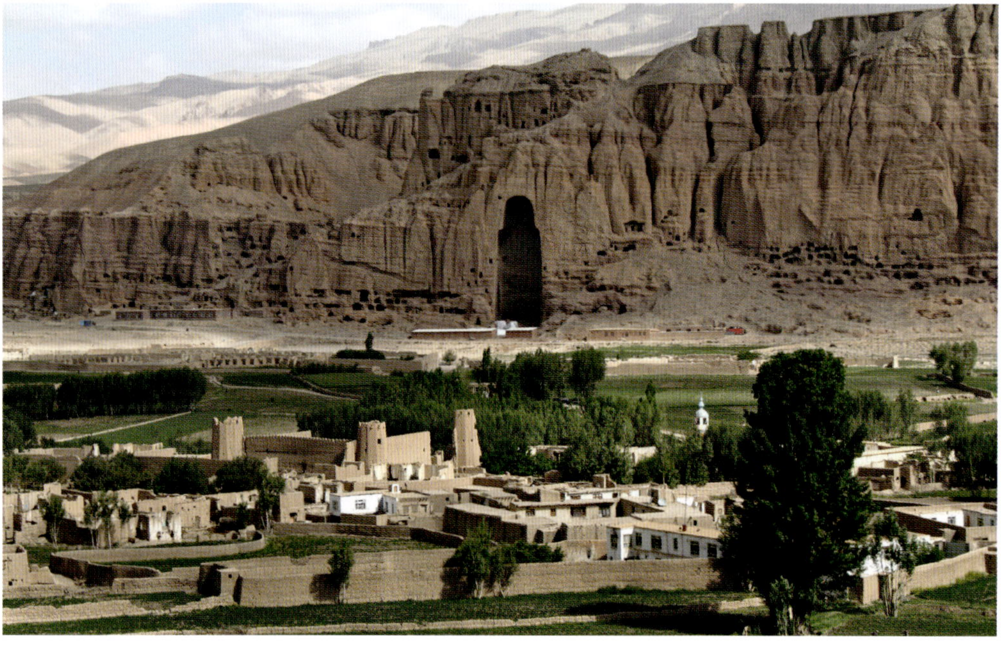

L'emplacement vide des bouddhas, sur la falaise de la vallée de Bamyan, dans la région du Hazaradjat
[The empty cave of the Buddhas, on the cliff of Bamiyan Valley, in Hazarajat region], 2006

Entretien avec Rahraw Omarzad

Comment résumeriez-vous votre parcours artistique ?

—— J'ai étudié la peinture au Centre Ghulam Mohammad Meymanegi à Kaboul en 1978, en reproduisant des photographies au détail près. Ce que l'on y apprenait se réduisait au réalisme. Je ne savais pas comment donner une forme à mes idées et à mon imagination, mais une chose était sûre : après l'attaque des Soviétiques en 1979, je ne pouvais plus copier le réel. Je dessinais alors au crayon et au fusain et tout était noir. J'ai commencé à faire des caricatures (de Brejnev, des dirigeants afghans...), que j'imprimais à la maison, puis j'ai été arrêté et emprisonné. Ne trouvant plus de satisfaction dans le dessin, j'ai cherché ma voie dans l'écriture. J'ai alors publié des revues que j'écrivais et imprimais chez moi. Au moment de la guerre civile, la couleur a surgi dans mon travail. Je suis parti au Pakistan, où j'ai commencé à peindre. Je continuais la publication de la revue, *Gahnameh-ye honar* [Le Périodique de l'art], tout comme plus tard sous les talibans. Parfois, j'obtenais même des entretiens avec les talibans depuis le Pakistan ! Je suis revenu à Kaboul en 2002. J'ai ensuite été invité en Europe, principalement en Allemagne. C'est là que j'ai vu des œuvres d'art contemporain et que j'ai découvert l'art conceptuel.

Pourquoi avoir créé un centre d'art contemporain
et l'avoir réservé aux femmes ?

—— Quand, en 2004, j'ai ouvert le Centre des arts contemporains d'Afghanistan, je l'ai conçu comme un laboratoire qui permettrait d'explorer des formes pour parler enfin de notre quotidien, de ce qui nous entoure, de réfléchir sur ce que nous avions traversé. Il proposait alors des cours pour des jeunes, hommes et femmes. Nous y avons réalisé des vidéos-performances et présenté notre première exposition à l'Institut français d'Afghanistan (IFA) la même année. Cette exposition faisait suite à des formations avec des artistes étrangers ou afghans exilés et revenus en Afghanistan (Roya Ghiasy, Sislej Xhafa, Frédéric Levrat, Leeza Ahmady, Zolaykha Sherzad). En 2006, j'ai décidé d'en faire un centre exclusivement réservé aux femmes car, lors de mon séjour au Pakistan, j'avais donné des cours de dessin à des femmes dans les camps de réfugiés : j'avais constaté qu'elles étaient absentes des arts visuels, qu'elles en étaient tout simplement écartées. L'évolution de la société passe par la place faite aux femmes. Par ailleurs, la pratique des arts reste difficilement acceptable pour les familles afghanes, tant pour le peu de reconnaissance qu'elle suscite que face à une morale sociale qui la déconsidère. Un centre exclusivement réservé aux femmes permettait déjà de rassurer les familles les moins frileuses et les jeunes femmes elles-mêmes, en garantissant l'absence d'hommes dans les cours et en affichant ainsi les garanties d'un strict respect du contrôle des mœurs.

Quelles sont selon vous les principales entraves au développement d'un art contemporain en Afghanistan ?

—— En rentrant à Kaboul en 2017, après deux ans d'études en Norvège, j'ai été frappé par la diminution de l'activité culturelle et artistique, notamment par celle des femmes artistes. Les institutions culturelles étrangères ne sont plus aussi actives qu'avant, l'art est moins soutenu. Beaucoup d'associations ont fermé, et parmi celles qui sont actives, aucune ne soutient explicitement la création artistique. Elles se consacrent à des thèmes comme les droits de l'homme, l'environnement, la femme... Le gouvernement afghan n'a pas pris la mesure du développement artistique dans le pays.

L'enseignement lui même est problématique. J'ai enseigné le dessin à la faculté des beaux-arts : il n'y avait pas de cours d'histoire de l'art et l'enseignement de l'art contemporain restait impensable. J'étais le seul à en parler dans mes classes. L'institution voyait cela d'un mauvais œil, pour certains il était même considéré comme la négation des fondements de l'art, un "n'importe quoi chaotique qui nie la beauté". L'art devait s'en tenir à la restitution de la nature. Pour ma part, je montrais et discutais avec des étudiants des œuvres contemporaines, et nous faisions aussi des essais avec des caméras. J'expérimentais avec eux. Ce n'est qu'en 2015 que je suis parvenu à convaincre l'université de la nécessité d'intégrer les arts contemporains aux programmes. On m'a alors dit : "Cela pourrait être une option ? – Non ! Ce doit être une matière fondamentale..." Aujourd'hui, les discussions continuent.

La jeune génération a brisé le silence dans le domaine des arts graphiques et visuels. Elle est novice, mais aussi novatrice. Elle sait qu'un pas est franchi vers l'avenir quand le réalisme nous faisait reculer. Mais seul un petit nombre d'artistes ose encore la révolution formelle. La plupart sont venus vers les arts contemporains parce qu'ils avaient juste envie d'essayer, sans persévérer. La société afghane reste peu sensible aux arts graphiques et visuels. Si je dis à quelqu'un que je suis peintre, il me demande : "Où est ta boutique ?" C'est aussi notre échec. Aujourd'hui, ce qui nous manque terriblement ce sont des lieux d'exposition, des résidences d'artistes en Afghanistan et à l'international. L'avenir de la création contemporaine repose entièrement sur les épaules de l'artiste, il est seul. Par ailleurs, il manque une critique de l'art, personne n'écrit sur l'art, on ne sait pas quoi en dire, comment présenter les artistes et penser les œuvres. Cela ne nous aide ni à évoluer ni à nous faire comprendre du public. Le frein que nous connaissons aujourd'hui est dû aussi à des raisons économiques. L'art contemporain ne fait pas vivre. Il n'y a pas de lieu pour exposer, l'IFA a fermé, les jardins de Babur sont trop chers, nous ne pouvons pas exposer dans nos locaux parce que cela dérangerait nos voisins, à l'université nous devons prendre des précautions quant à une censure étatique, et le public non universitaire ne pourrait pas entrer dans le campus. Et puis, il y a l'insécurité qui n'est plus à décrire...

LE KABOUL DES ARTISTES DE *KHARMOHRA*

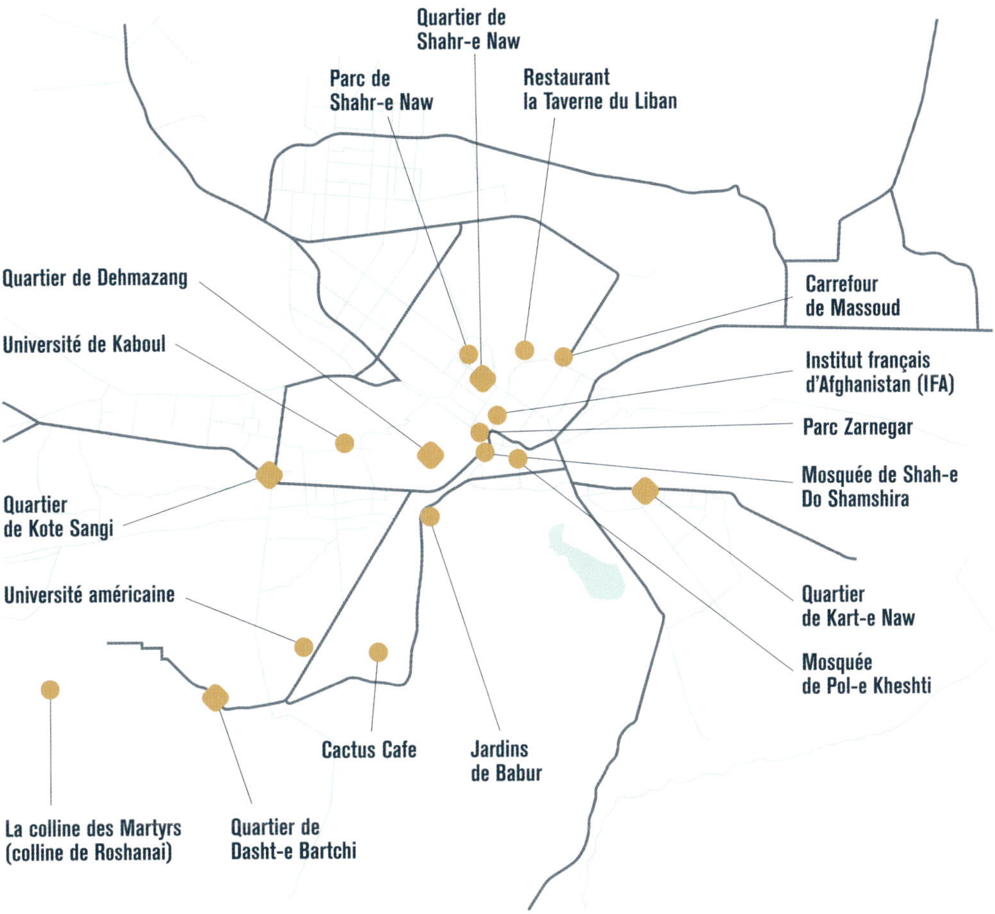

Graphisme : Géraldine Fohr

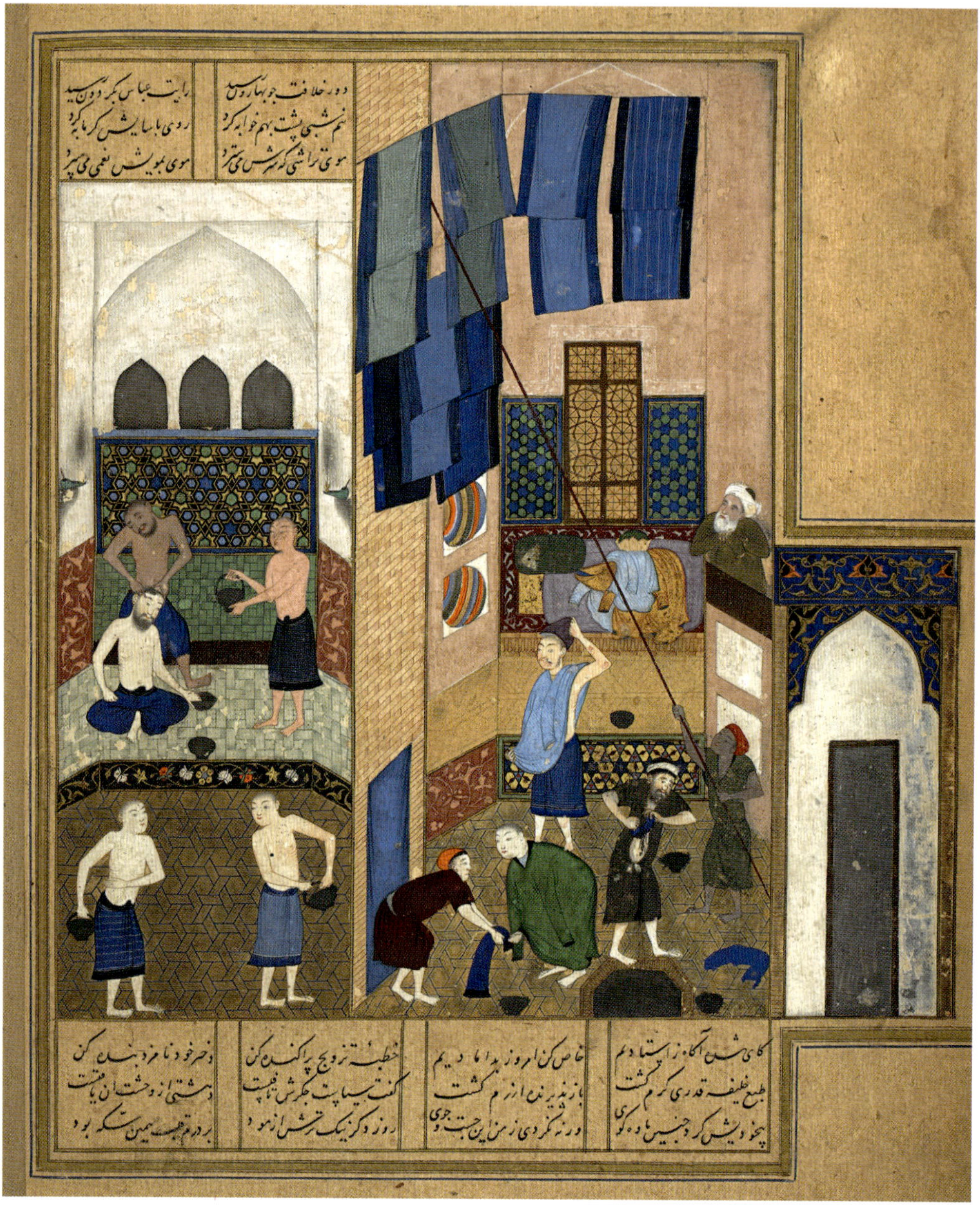

Behzad, Harun al-Rashid and the barber [Harun al-Rashid et le barbier],
in Nizami, *Khamsa* (“Five poems”), Hérat, 1494-1495

Aquarelle opaque | Opaque watercolor

Londres, The British Library

Guilda Chahverdi
and Agnès Devictor

From Persian Miniatures to Contemporary Art in Afghanistan. Globalisation and Singularity

For centuries, the visual arts in Afghanistan have formed a gathering of influences: Iran, Greece, Byzantium, India, China and even Venice – these influences result from the movement of persons, groups, armies, ideas and technologies, but also the circulation of art objects and artefacts of all kinds. More recently, this artistic heritage was enriched by the Afghan students who went to train in the art schools of Europe in the early 20th century. The cliché of an enclosed and impenetrable Afghanistan simply does not hold where art history is concerned, and the same is true of contemporary art which, as in the West, emerged after a profound rupture caused by the wars; then came the ban on artistic teaching and practice imposed by the Taliban regime (1996–2001), which fractured the process of transmission between generations. It emerged, furthermore, in a country recovering from conflict characterised, among other things, by a very strong international presence.

The implicit thread that seems to join together this aesthetic history is one of a "globalisation" through exchanges of forms and techniques, of world visions and beliefs, engendering a singular gaze. In this long chain there are two high points, two creative blossomings: that of the Herat School of Painting (14th to 16th century) and that of the emergence of an Afghan contemporary art scene in the mid-2000s.

Influences and turbulences

For centuries, Afghanistan has been a point of encounter, a melting pot of aesthetic and technical influences. This was already the case between the 11th and 2nd centuries BCE, when Irano-Hellenistic contributions shaped its crafts and architecture, notably as a result of the conquest by Alexander of Macedonia, before the colossal legacy of the Buddhist period lastingly marked the landscapes and arts of this country until the coming of Islam in the 7th century. Often seen as a religion inimical to images, Islam did not, however, do away with the figurative arts. By a strange paradox, a virtuoso school of painting even emerged in the eastern Islamic lands, despite the spasms of iconoclasm that took hold there at different times. And yet there is no explicit reference to a prohibition of images in the Koran, which states that God is the sole creator and explicitly condemns the worship of pagan divinities. It is the Hadiths, those collections of sayings attributed to the Prophet that were compiled in the 9th and 10th centuries, that are hostile to images. They consider these as impure, and therefore to be banned from any space of prayer since they represent an act of immodesty towards God. One Hadith affirms that in the afterlife God will oblige those who produce images to instil life into their characters, and that they will fail because He is the one and only creator, and that they will be condemned to the flames of hell.[1] Over the centuries, there have been many destructive acts of iconophobia, culminating in the spectacular blowing up of the Bamiyan Buddhas in March 2001 by the most zealous wing of the Taliban. This act of destruction was also a bid for media attention on the part of the political leaders, who were thereby demonstrating their adeptness in the use, precisely, of images, as they filmed the explosions and ensured that they were seen around the world in real timc.

Texts are to be understood in relation to contexts, to political gestures and social evolution. Despite the proclaimed hostility to images in some quarters, the figurative arts continued to flourish in Muslim societies, reaching a peak after the Mughal invasions of the 13th century, when mystic forms of thought and poetry began to develop. In dialogue with Koranic calligraphy, which gave visible form to the word of God, and with the invention of abstract figures in religious architecture, a new art of the book began to flourish.

The paradox of Persian miniatures in eastern Islamic lands

Commissioned by princes or members of the wealthy elite, artists illustrated precious manuscripts of poetry or chronicles, in the process elaborating what is known as the "Persian miniature" (although it was not fashioned by Iranian artists alone) between the 14th and 16th centuries. Each of these schools – located in Baghdad, Tabriz, Shiraz and Herat – had its own style. Although excluded from places of prayer, the miniature was more than just profane ornament – indeed, it was itself densely interwoven with mystical symbols. The beauty of God was reflected in the world and the image thus produced was itself reflected in the miniature. Painters emphasised the fact that the miniature was anything but an attempt to compete with divine creation; on the contrary, it was a homage to God and His creation. Furthermore, these artists made no claims to paint beings possessed of souls; their figures have no shadow, they do not belong to the real world, they are mere reflections. In stylistic terms, the art of the miniature is the fruit of encounters, exchanges, of the circulation of motifs and specific formal inventions. Having grown out of the mystic iconography inherited from old Sassanid Persia, it was enriched by contact with the Byzantine icon and Chinese painting, but also with the Venetian paintings that reached

Istanbul, and thus gave rise to an original form of expression. The miniature did not try to reproduce the real as Western painting did, and deliberately eschewed perspective in its absolute celebration of light. And although the Persian miniature took many of its motifs from Chinese painting, such as dragons and clouds, it did not cultivate emptiness in the same way but was treated as pure surface and an explosion of colour.

Bihzad, a master in Herat

In terms of scope and refinement, the art of miniature reached its apogee with the School of Heart, eminently represented by Kamal ud-Din Bihzad (or Behzad, 1465–1535), a painter whose genius was recognised in his own lifetime. He combined the visual expression of mystical thought with the attentive and often wryly humorous observation of everyday life at court. His art, which was both abstract in its general composition and figurative in its drawing, managed both to capture the emotions of his characters and to evoke crafts and techniques. Michael Barry, a professor at Princeton and at the American University in Kabul who is a specialist on his work, has shown how, centuries later, it inspired Western modern art, directly influencing Matisse, the Fauves and the Ballets Russes, notably by its interplay between abstraction and figuration and its use of saturated colours.[2] But the discovery of Persian miniatures by Westerners, starting in the late 19th century, was a selective and, also, "iconoclastic" process in which manuscripts were torn apart, and only the illustrations preserved. In other words, the heritage was dismembered and scattered, shared between the great museums of the world and private collections. Since the turn of this century, Barry's great concern has been to help the Afghans regain a sense of this past and this art which was cut off by war, the crisis of iconoclasm under the Taliban and even the disappearance of the paintings from Afghan territory. In 2017 he organised an exhibition in Herat on "Florence and Islam" but whose subject was not the miniatures of Bihzad which, for security reasons, he would not have obtained authorisation to exhibit, but rather enlarged copies. Visitors, most of them students, were proud to discover this past magnified by the painter. At Herat University, which began giving painting courses in 1989, studies now reconnected with this pictorial tradition. A "Bihzad Hall" was even opened for the teaching of traditional techniques and its students' works were exhibited in a biennial of miniatures.

The constraints of realism

For a century now, Afghan painting has for the most part followed the injunction to copy the real, despite the occasional foray into the field of modern art begun under the reign of Amanullah Khan (1919–29). After travelling in Europe, the sovereign instituted policies to modernise the country, including its arts. A keen painting enthusiast, he sent students to study in Europe, among them the young Ghulam Mohammad Maimanagi, who would come to be recognised as one of the country's greatest painters. In 1967 Kabul University opened an art department, but modern art was not given the place it warranted. Already impeded by the injunctions of realism, modernism ground to a halt after the Soviet invasion in 1979. Prisoners of a graphic style used as a vehicle for propaganda, painters – those who did not prefer exile – were sent to Moscow to learn about socialist realism. The global outlook narrowed. Starting in 1992, the civil war meant years of destruction and these were hardly conducive to art-making. Then the Taliban regime prohibited all representation of figures imbued with souls. At the Faculty of Fine Arts in Kabul, calligraphy and the sculpting of Koranic inscriptions were the only two disciplines taught. Informal, private courses, which had begun to develop during the civil war, continued however, albeit with the utmost discretion.

Contemporary explorations

The overthrow of the Taliban regime was not enough for creative freedom to invent the forms that could reflect the aspirations and emotions of the Afghans and their decades of trauma. The profession of painter that was revived in studios remained to an overwhelming degree that of family portraitist or landscape painter, or maker of orientalist decorative paintings. The realist diktat died hard. In the early 2000s, international reconstruction programmes included culture and financed education, notably in the arts, both in universities and as part of sporadic training initiatives. The latter burgeoned but left little time for real learning, for reflection on practice formal exploration. Very soon, some of these international programmes developed didactic aims. Training was instrumentalised as young artists were encouraged to address major subjects for thematic exhibitions. Although bringing their own unintended consequences, these programmes organised workshops and exhibitions, often in foreign cultural centres when no local structures existed. These shows brought together international artists and young Afghans, and both were driven to explore new formal territories. This situation fostered the boldness that young Afghan artists needed in order to break free of oppressive conventions in terms of both form (realism) and moral control (by exploring personal experience). A dynamic was set in train. A nationwide contemporary art competition held in 2008, 2010 and 2013 met with a favourable response, and in order to promote artist practice, especially among young women, the artist and teacher Rahraw Omarzad opened a Centre for Contemporary Art in Kabul (see interview below). Afghan artists began to arouse the interest of foreign gallerists and in 2012 part of dOCUMENTA 13 was held in Kabul. Afghanistan seemed to be becoming, once again, a melting pot where international artists, curators, and artists returning from exile having acquired new techniques and freedoms in Lahore, New York or Berlin, came together and exchanged with young

Afghan artists eager for new horizons. The formative phase was followed by a period of freer, singular expression that gradually became less dependent on Western demand. The concern now was to find the forms and formats that would reflect the aspirations and emotions of a society made fragile by insecurity, to take new paths that involved the body in performances, to provoke a dynamics of the gaze with urban paintings, and to avoid the temptations of the decorative while finally breaking free of realism. However, the hardening of the political situation since 2014, with a return to growing insecurity, the massive departure of international residents, the closure of exhibition spaces and the collapse of the economic circuit that had stimulated art, all made the situation increasingly difficult for Afghan artists. True, as artists may sometimes discreetly admit, working in such a context can be highly motivating, but it can also disorient and open up an abyss of solitude. That is why painters are forming groups and try to maintain a dialogue about their practices, in order to fight against a morbid isolation.

1. Silvia Naef, *Y a-t-il une "question de l'image" en Islam ?*, Téraèdre, Paris, 2015.
2. Michael Barry, *Figurative Art in Medieval Islam and the Riddle of Bihzad of Herat*, Saint Martin's Press, New York, 2004.

Interview with Rahraw Omarzad

How would you sum up your artistic career?
—— I studied painting at the Ghulam Mohammad Maimanagi Art Centre in Kabul in 1978 by reproducing photographs down to the last detail. What we learnt there was basically just realism. I didn't know how to find forms for my ideas and my imagination, but one thing was sure: after the Soviet attack in 1979, I could no longer just copy reality. In those days I was drawing in pencil and charcoal, but everything was black. I started doing caricatures (Brezhnev, the African leaders, etc.) which I printed at home, but they arrested me. Then, dissatisfied with drawing, I tried my hand at writing. I published journals that I wrote and printed at home. At the time of the civil war, colour suddenly appeared in my work. I went to Pakistan and there I started painting. I continued to publish the journal Gahnameh-ye honar [The Art Periodical], just as I would later, under the Taliban. Sometimes, out there in Pakistan, I was even granted interviews with the Taliban! I came back to Kabul in 2002. After that I was invited to Europe, especially Germany. That's where I saw works of contemporary art and discovered conceptual art.

Why did you create contemporary art centre,
and make it exclusively for women?
—— When I opened the Centre for Contemporary Art Afghanistan in 2004 I saw it as a laboratory making it possible to explore forms and therefore to talk, at last, about our daily life, about what was around us, and to think about what we had lived through. It offered courses for young people, both men and women. We made video performances and had our first exhibition at the Institut Français d'Afghanistan (IFA) that same year. This exhibition followed on from training done with foreign artists or Afghans returning from exile (Roya Ghiasy, Sislej Xhafa, Frédéric Levrat, Leeza Ahmady, Zolaykha Sherzad). In 2006 I decided to make a centre exclusively for women because when I was in Pakistan I had given drawing lessons to women in the refugee camps, and I realised that they were absent from the visual arts, that they were quite simply excluded. The role given to women is key to the evolution of society. Also, artistic practice is something that Afghan families still find hard to accept, both because it gets very little recognition, and also because it is considered morally dubious by society. A centre exclusively for women was already a way of reassuring the less cautious families and the young women themselves, by guaranteeing the

absence of men in the courses and by offering assurances that the pressure for moral propriety would be strictly respected.

What, in your view, are the main obstacles to the development of contemporary art in Afghanistan?

—— When I went back to Kabul in 2017, after two years studying in Norway, I was struck by the decline in cultural and artistic activity, and in particular by the lower numbers of women artists. Foreign cultural institutions are not as active as before and art gets less support. A lot of associations have closed and among the ones still active, not one explicitly supports artistic creation. They are dedicated to issues such as human rights, the environment, women. The Afghan government has failed to gauge the degree of artistic development around the country.

The teaching itself is problematic. I taught drawing at the fine arts faculty: there were no art history courses and teaching contemporary art remained unimaginable. I was the only person who talked about it in their classes. The institution frowned on this and for some it represented a negation of the foundations of art, a "chaotic mess that denies beauty." Art, they said, must stick to recapturing nature. Personally, I showed and discussed contemporary artworks with my students and we also tried working with cameras. I tried experiments with them. It was only in 2015 that I managed to convince the University of the need to include contemporary arts in the curriculum. "Perhaps that could be an option?" they said. "No! It must be a basic subject." Discussions are still continuing today.

The young generation shattered the silence in the field of graphic and visual arts. They are novices but also precursors. They know that we are taking a step into the future whereas realism was pulling us back. But only a handful of artists have dared to begin the formal revolution. Most came to contemporary art simply because they wanted to try. There was no perseverance. Afghan society remains rather unresponsive to graphic and visual arts. If I tell someone I'm a painter, they'll reply: "Where is your shop?" That is our failure. Today there is a cruel lack of exhibition spaces, of artists' residencies in Afghanistan and internationally. The future of contemporary art rests entirely on the shoulders of the artists, who are alone. Also, there is no art criticism. Nobody writes about art, they don't know what to say, how to present artists and how to think about the works. This doesn't help us to develop or to be understood by the public. Another hindrance nowadays is the economic one. You can't make a living form contemporary art. There are no places to exhibit in, the IFA has closed, the Garden of Babur is too expensive, we can't exhibit in our own homes because that would disturb our neighbours, and at the university we have to be careful because of state censorship, while the non-university public wouldn't be able to get onto the campus. And then there is the insecurity, which hardly needs describing.

LA VILLE, UN ESPACE HOSTILE

THE CITY, A HOSTILE SPACE

Les villes afghanes portent les stigmates de l'histoire tumultueuse du pays. Au début du XXe siècle, une politique de modernisation a attiré des ruraux dans les villes, mouvement accentué ultérieurement par des migrations internes liées à la guerre contre les Soviétiques (1979-1989) qui a chassé des paysans de leurs terres. Kaboul est ainsi passée de six cent mille habitants en 1978 à près de deux millions en 1982. Même quand elles ont été directement touchées, surtout durant la guerre civile (1992-1996), les villes ont retrouvé par la suite leurs habitants, accoutumés au mode de vie et aux ressources qu'elles offraient. Après la chute des talibans – qui avaient imposé un repli dans l'espace privé sous la pression d'une police des mœurs redoutable (1996-2001) –, elles ont à nouveau changé de visage. Avec le retour massif d'exilés afghans majoritairement vers les zones urbaines et la présence d'internationaux (diplomates, militaires, personnels d'ONG) qui ont apporté des connexions internet, les villes se sont ouvertes sur le monde et ont connu de profondes transformations. Les écoles se sont multipliées, pour les garçons comme pour les filles, des centres de santé ont ouvert, les infrastructures (assainissement, eau, électricité) – bien qu'insuffisantes – ont été consolidées et l'activité économique a repris. Kaboul, à l'instar d'autres villes, n'a cessé de s'agrandir, dépassant les plans d'aménagement et envahissant de façon anarchique les collines pour abriter désormais bien plus de quatre millions de citadins recensés – les véritables chiffres, sans doute bien plus élevés, restent impossibles à obtenir.

Depuis ces dix dernières années, la capitale est devenue une zone de guerre, un territoire d'insécurité maximale, avec des attentats qui surgissent n'importe où, n'importe quand, commis par les talibans ou l'État islamique. La peur est revenue hanter la ville, comme si des présences maléfiques, des *div* (démons), l'habitaient. À ces explosions répondent des scarifications sécuritaires : hauts murs de protection, barbelés, check-points… rendent la circulation quasi impossible, quand ils n'excluent pas les habitants de secteurs entiers. La déception envers le gouvernement afghan et l'intervention internationale – dont les actions n'ont pas réussi à conduire à la paix et à la sécurité – est devenue un terreau fécond pour le retour de l'extrémisme et avec lui le contrôle des mœurs, des pratiques sociales et culturelles. Les fermetures de nombreux lieux de sociabilité (restaurants, cafés) accentuent l'austérité de la ville. Les quartiers s'ethnicisent, le silence et la méfiance semblent figer le dynamisme urbain. Les femmes, sous leur *tchadri* qui dissimule leur visage, continuent paradoxalement d'arpenter la ville, de voir sans être vues. Contre la violence et contre les slogans réactionnaires écrits sur les murs, des anonymes et des artistes réagissent et dérangent l'ordre établi.

Afghan cities bear the stigmata of the country's tumultuous history. At the start of the 20th century the modernisation policy attracted country dwellers to urban centres, a movement that was later compounded by the internal migration caused by the war against the Soviet Union (1979–89), which drove peasants from their land. The population of Kabul went from 600,000 in 1978 to nearly 2 million in 1982. Even when directly affected by this process, especially during the civil war (1992–96), cities later regained their inhabitants, who had grown used to the way of life and the resources they offered. After the fall of the Taliban – whose redoubtable moral police had forced a withdrawal into private space (1996–2001) – their face changed once again. With the return en masse of Afghan exiles, mainly towards urban zones, and the international presence (diplomats, military, NGO personnel), bringing with it Internet connections, cities opened up to the world and were profoundly transformed. Schools burgeoned, for girls as well as for boys, health centres opened, infrastructure (cleaning, water, electricity) was consolidated (even if it remained insufficient), and economic activity revived. Kabul, like other cities, grew constantly, reaching beyond the development plans and spreading anarchically around the hills, as its population rose to over 4 million – the true figure, which is surely much higher, is impossible to obtain.

Over the last ten years, the capital has become a war zone, a territory of maximum insecurity, with bombs and attacks anywhere, at any time, committed by the Taliban or the Islamic State. Fear once again haunts the streets, as if it was inhabited by *div* (demons). The counterpart of these explosions are the scars of the security apparatus: tall protective walls and checkpoints make circulation almost impossible, or exclude the inhabitants from entire sectors. Disillusion with the Afghan government and with international intervention, neither of which have brought peace and security, is fertile soil for the return of extremism and, with it, the control of mores and social and cultural practices. The closure of numerous spaces of sociability (restaurants, cafés) makes the city an austere place. Quarters are becoming ethnically defined; silence and mistrust seem to be paralysing urban dynamism. Women, under the *chadarees* that hide their faces, continue, paradoxically, to move around the city, to see without being seen. Against violence and against the reactionary slogans written on the walls, anonymous figures and artists are reacting and upsetting the established order.

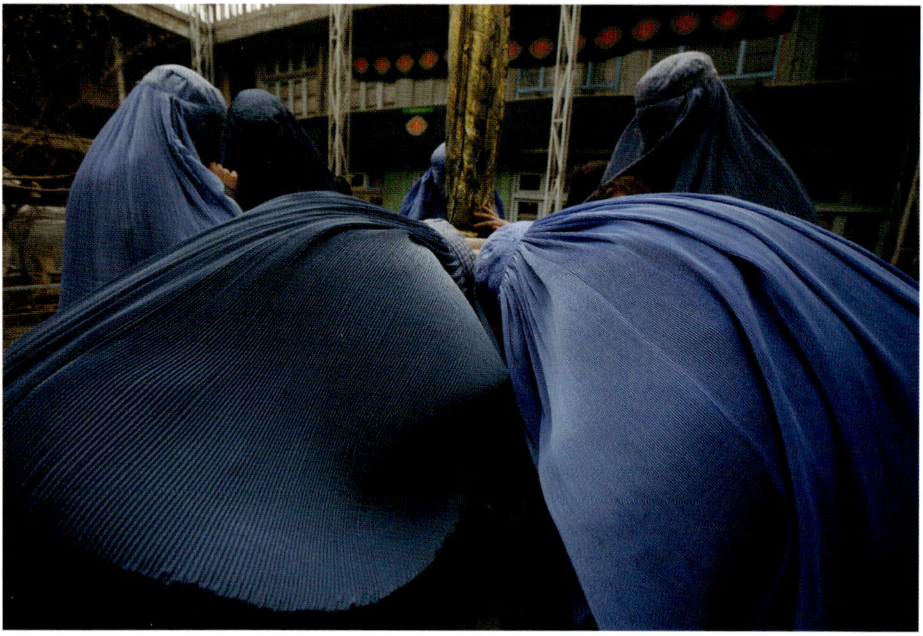

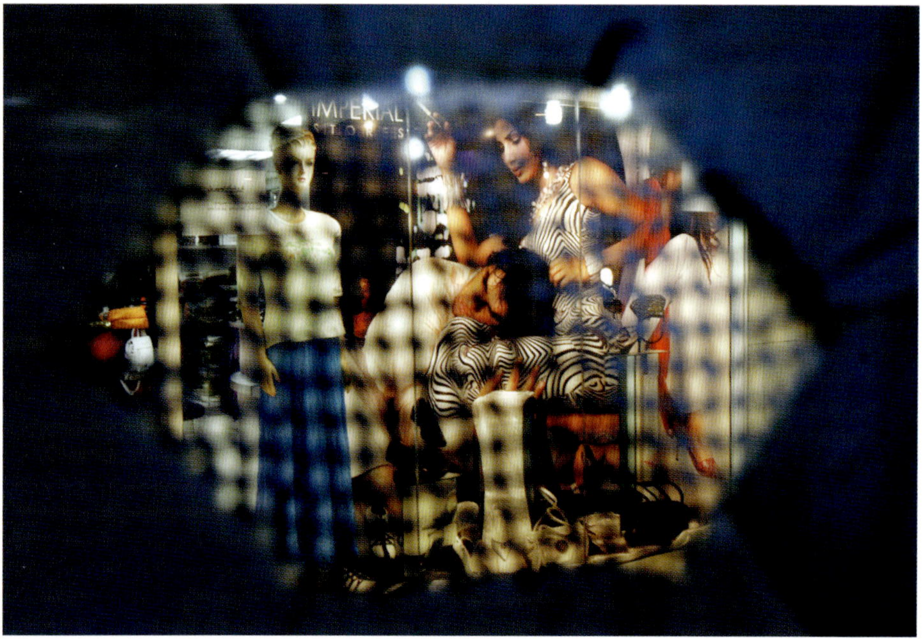

Farzana Wahidy, *Prayers* [Prières], 2009
Photographie | Photograph
Fonds de l'agence Associated Press

Farzana Wahidy, *Look* [Regard], 2007
Photographie | Photograph
Fonds de l'agence Associated Press

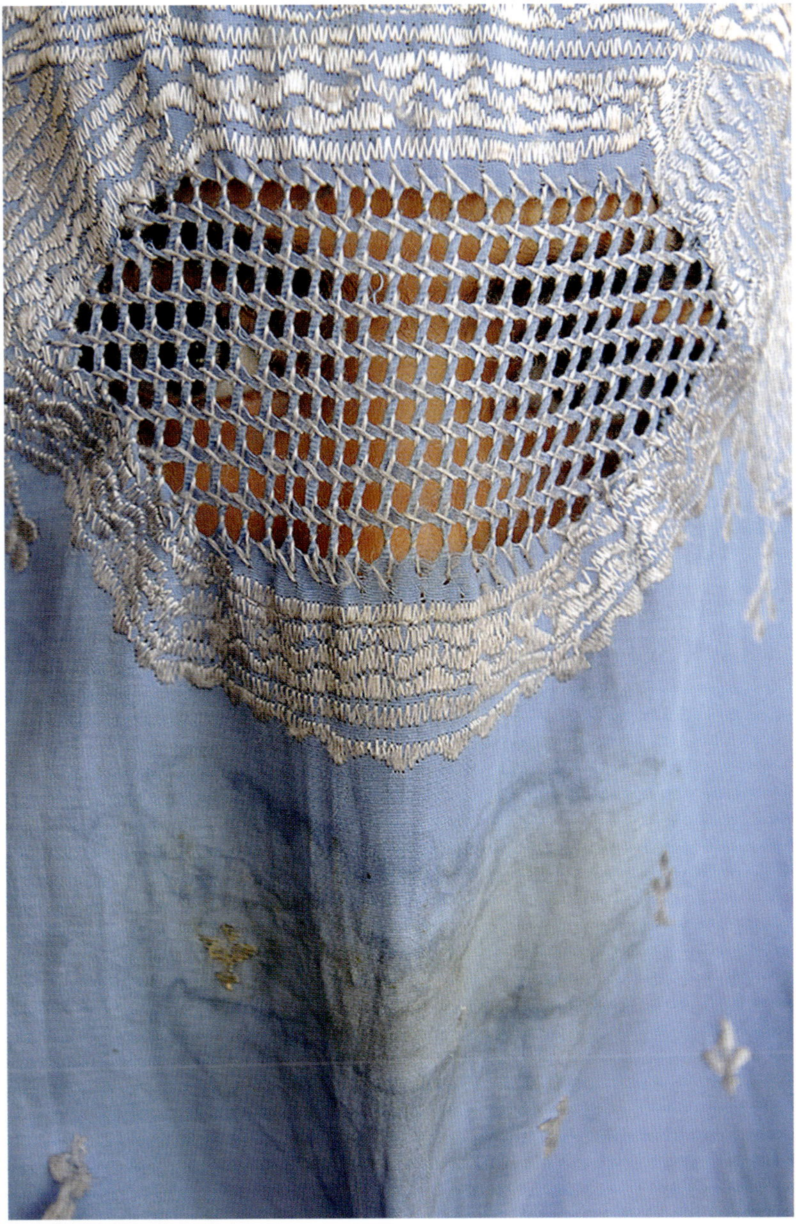

Farzana Wahidy, *Breath* [Respiration], 2007
Photographie | Photograph
Fonds de l'Agence France Presse

M. Mahdi Hamed Hassanzada

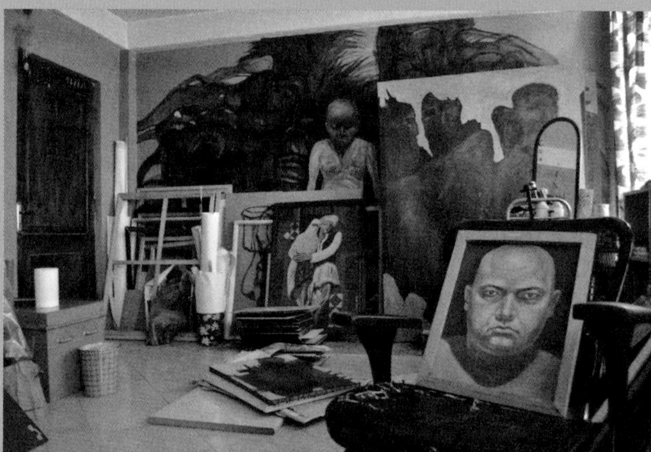

Né en 1978 à Kaboul, M. Mahdi Hamed Hassanzada grandit dans une famille attachée aux principes religieux et à la culture. Durant la guerre contre les Soviétiques, sa famille migre en Iran où il effectue sa scolarité et réussit le concours de la faculté des beaux-arts de Téhéran. Parce qu'il est Afghan, l'entrée lui est refusée. Il prend alors des cours privés, répond à des commandes, fait des portraits, fréquente les ateliers de maîtres iraniens et dévore des livres d'histoire de l'art. En 2009, il retourne en Afghanistan et prend part au dynamisme de la création artistique. Il enseigne à l'université, mais son approche dite "contemporaine" dérange. Rahraw Omarzad, le seul enseignant à le soutenir, l'invite au Centre pour l'art contemporain, où il enseigne pendant quatre ans. En 2012, il participe aux ateliers de création de vidéos expérimentales dOCUMENTA13. Il peint, expose et vend ses œuvres. En 2016, il fait une demande d'immigration pour les États-Unis, séjourne ensuite à Istanbul, puis s'installe enfin, en 2018, à Chicago.

61 Born in Kabul in 1978, M. Mahdi Hamed Hassanzada grew up in a family attached to religious principles and culture. During the war against the Soviets his family migrated to Iran, where he attended school. He later passed the entrance exam to the Faculty of Fine Arts in Tehran but was refused access as an Afghan. Instead he took private lessons, worked to commission, made portraits, attended the studios of Iranian masters and devoured history books. In 2009 he returned to Afghanistan and contributed to the dynamism of the art scene. He taught at university but his "contemporary" approach upset people. Rahraw Omarzad, the only teacher who supported him, invited him to the Centre for Contemporary Art, where he taught for four years. In 2012, he took part in the experimental video workshops at dOCUMENTA 13. He painted, exhibited and sold his works. In 2016 he applied to immigrate to the United States, then stayed in Istanbul before moving to Chicago in 2018.

Je travaillais et je dormais dans mon atelier, une chambre dans la maison familiale. Je tirais les rideaux pour me protéger de l'extérieur. J'étais qui je voulais. Je donnais des cours et recevais les amis. J'étais entouré d'objets qui m'inspiraient : un ours en figurine, le crâne d'une vache à cornes... mes centaines de pinceaux, couteaux, papiers, mon appareil photo. Mes toiles du passé et du moment se côtoyaient. Puis arrivèrent la solitude et mes peurs insurmontables. Avant mon départ pour la Turquie, mes peintures de div *devenaient immenses, jusqu'à couvrir les murs de la maison. Mon père en a effacé certaines, mais pas celles de mon atelier.*

Il y avait des attentats en permanence, mais personne n'en parlait pour ne pas attiser la peur. La folie des hommes était comme libérée. Les bruits de la ville me terrorisaient, je faisais des cauchemars. Je n'ai jamais reçu de menaces directes car mon travail était trop abstrait, mais je sentais que l'espace se rétrécissait autour de moi.

Il me devenait difficile aussi de cacher mon orientation sexuelle. J'avais peur d'aimer, peur des conséquences. Je suis gay, ce qui est incompatible avec les attentes de ma famille et la vie dans cette société. Les corps sont très présents dans mon travail, mais je n'ai jamais pu les dessiner comme je le voulais en Afghanistan, encore moins en Iran. Ils étaient dépossédés de virilité et de désirs. À Istanbul, je n'ai plus eu peur.

Quand j'étais en Iran, je dessinais des div *: des créatures mi-ange, mi-démon avec des cornes et des ailes, des sortes d'hermaphrodites. C'était moi et je pensais que tout le monde était comme ça. Mais les créatures à cornes que j'ai dessinées plus tard étaient fondamentalement différentes. Un jour, alors que je me rendais au Cactus Cafe à Kaboul, le chauffeur de taxi m'a demandé : "Tu as vu les nouvelles ? Comment cette femme a-t-elle pu brûler le Coran ? Dieu merci, elle a été punie, frappée et tuée. Justice a été rendue !" Arrivé au café, j'ai regardé les images : Farkhunda avait été lynchée à mort par une foule en quasi-démence près de la mosquée Shah-e Do Shamshira, pour avoir osé rappeler à un mollah corrompu les fondements de la loi islamique. La fresque du Cactus Cafe est née. Les créatures sur le mur sont des* div*, ces monstres qui nous entourent, qui portent nos habits, habitent nos rues, prient dans nos mosquées. Ils pourraient être chacun de nous. La miniature de la fresque, qui représente Farkhunda, a été réalisée par Ali Momeni. Belle et sensuelle, elle tient une coupe de vin et représente les tentations qui effraient et réveillent la bestialité et les frustrations. Depuis Istanbul, j'ai appris que le Cactus Cafe a fermé sous les menaces et que ma fresque a disparu. Mes* div*, perçus comme blasphématoires, ont été effacés, mais étrangement la miniature a été épargnée.*

Les mosquées sont présentes dans mes travaux lorsque je peins la ville. Je les ai vues se multiplier pendant que j'étais à Kaboul et au lieu de m'apaiser cela m'effrayait. Chaque quartier ou groupe de pensée érigeait "sa" mosquée... il y avait comme une rivalité entre eux. J'avais alors l'impression que les gens se cachaient dans les mosquées comme ils se cachaient dans leurs habits.

J'avais emporté en Turquie le livre de Mirza Djoudi, un poète qui chante en vers le martyre de Husayn (petit-fils du Prophète, mort à Karbala), les souffrances et l'exode de sa famille. Ces épisodes sont lus dans la communauté shiite pendant le mois qui commémore ce deuil. J'ai copié et reproduit des extraits de ce livre dans mes travaux à Istanbul, qui marquent une nouvelle étape, celle d'une autre solitude. En Iran, j'étais un citoyen de seconde zone. De retour en Afghanistan, j'étais Hazara et j'appartenais à la minorité shiite. À Istanbul, j'étais à nouveau dans l'errance, un "Afghan", la catégorie la plus méprisée parmi les étrangers. Aux États-Unis, tout le monde est étranger, dit-on. Peut-être retrouverais-je des ailes ici ?

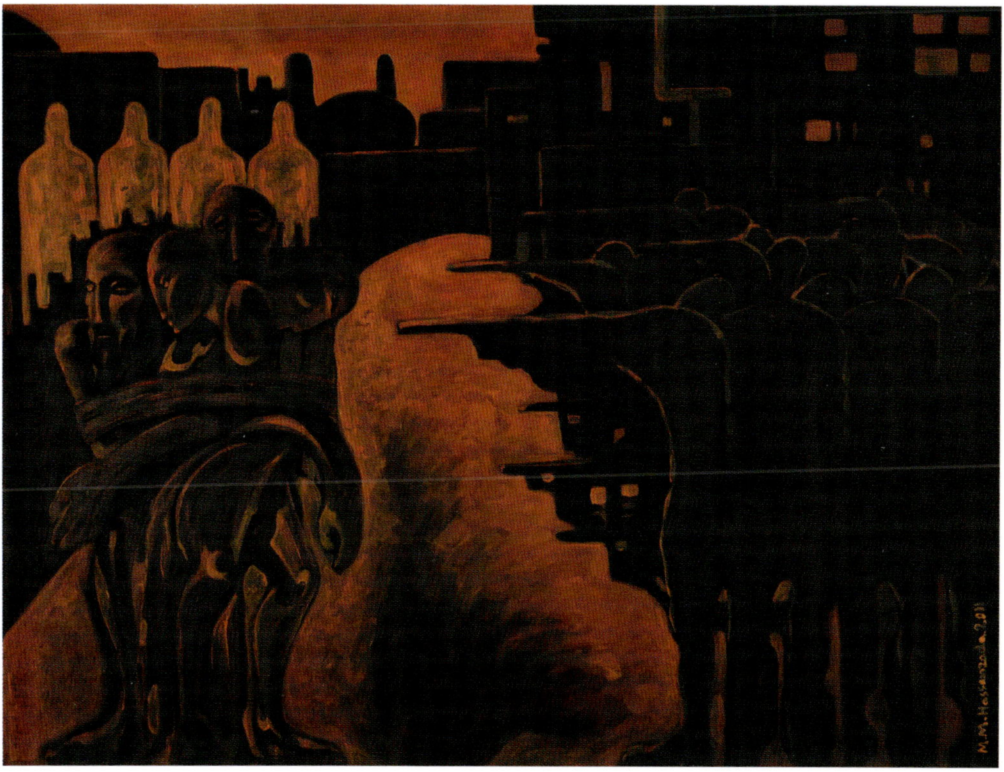

M. Mahdi Hamed Hassanzada, *Naslkoshi ha*
[Génocides | Genocides], Kaboul, 2011
Acrylique sur toile | Acrylic on canvas
91,5 × 122 cm Collection de l'artiste
Inspirée de / inspired by Francisco Goya, *Tres de Mayo*, Madrid, 1814

I was working and sleeping in my studio, a room in the family home. I would draw the curtains to protect me from the outside. I was what I wanted to be. I was giving lessons and receiving friends. I was surrounded by objects that inspired me: a bear figurine, the skull of a horned cow… my hundreds of brushes, knives, papers, my camera. My past and present canvases were side by side. Then came solitude and my insurmountable fears. Before I left for Turkey, my paintings of div *had become huge, covering whole walls of the house. My father erased some of them, but not the ones in my studio.*

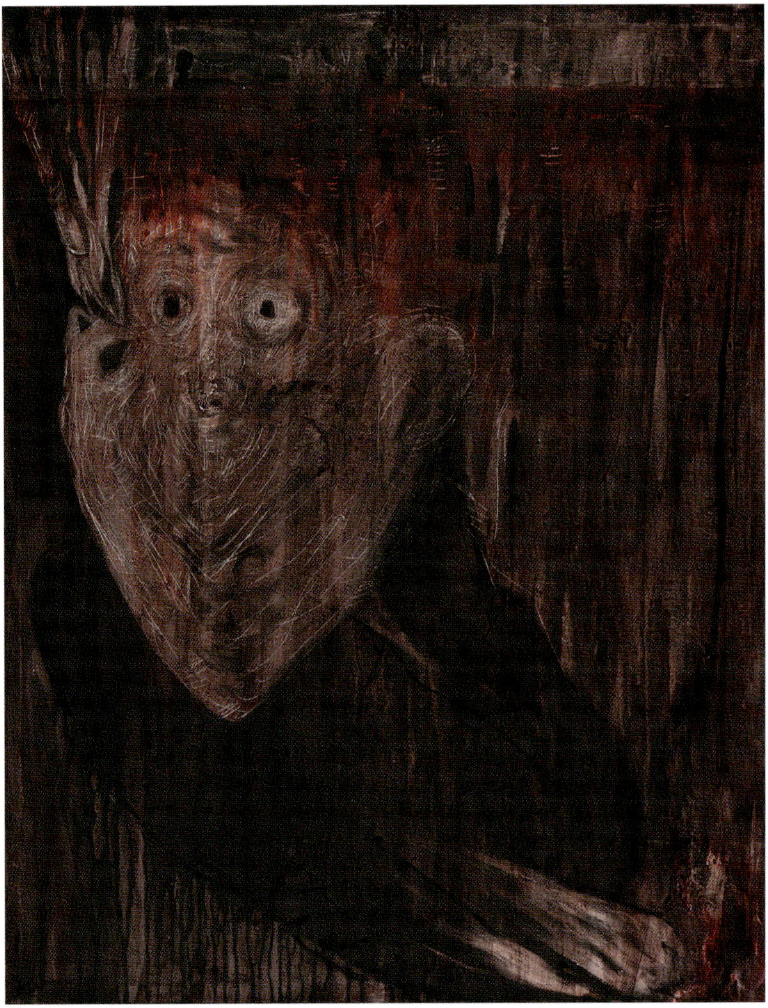

M. Mahdi Hamed Hassanzada, *Kabus*
[Cauchemar | Nightmare], Kaboul, 2015
Acrylique et colle à bois sur toile | Acrylic and wood glue on canvas
99 × 79 cm Collection de l'artiste

There were bombs all the time, but nobody talked about them so as not to arouse fear. It was as if human folly had been unleashed. The noises of the city terrified me, I had nightmares. I never got any direct threats, my work was too abstract, but I felt that the space around me was growing smaller.

I was finding it difficult to hide my sexual orientation. I was frightened to love, frightened of the consequences. I am gay, which is incompatible with the expectations of my family and life in this society. Bodies are very present in my work but I have never been able to draw them as I wanted to in Afghanistan, let alone in Iran. They were dispossessed of virility and desires. In Istanbul, I stopped being afraid.

When I was in Iran, I drew div*: creatures that are half-angel, half-demon, with horns and wings, like hermaphrodites. This was me and I thought everyone else was like that. But the horned creatures that I drew later were fundamentally different. One day, when I was going to Cactus Cafe in Kabul, the taxi driver asked me, "Have you seen the news? How could that woman burn the Koran? Thank God, she was punished, beaten and killed. Justice was done!" On reaching the cafe, I watched the images: Farkhunda had been lynched by an almost demented crowd near the Shah-e Do Shamshira mosque for having dared to remind a corrupt mullah of basic Islamic law. The Cactus Cafe fresco was born. The creatures on the wall are* div*, those monsters that surround us, that wear our clothes, inhabit our streets, pray in our mosques. They could be any one of us. The miniature version of the fresco, which represents Farkhunda, was made by Ali Momeni. Beautiful and sensual, she is holding a cup of wine and represents the temptations that frighten and awaken bestiality and frustrations. In Istanbul I heard that the Cactus Cafe had closed because of threats and that my fresco had disappeared. My* div*, which were seen as blasphemous, were erased, but strangely enough the miniature was spared.*

Mosques appear in my works when I'm painting the city. I saw them sprouting up when I was in Kabul and, rather than soothed, I felt frightened. Every neighbourhood or school of thought was building "its" mosque, as if there was a rivalry between them. I had the impression that people were hiding in mosques the way they hid in their clothes.

When I went to Turkey I took with me the book by Mirza Djoudi, a poet whose verse sings the martyrdom of Husayn (the grandson of the Prophet, who died at Karbala) and the suffering and exodus of his family. These episodes are read in the Shiite community during the month when that loss is commemorated. I copied and reproduced excerpts from the book in the work I did in Istanbul, which marks a new phase, the time of a new solitude. In Iran I was a second-class citizen. Back in Afghanistan, I was a Hazara and I belonged to the Shiite minority. In Istanbul I was once again a wanderer, an "Afghan," which is the most despised category of foreigner. In the United States, they say, everyone is a foreigner. Maybe I'll regain my buoyancy there.

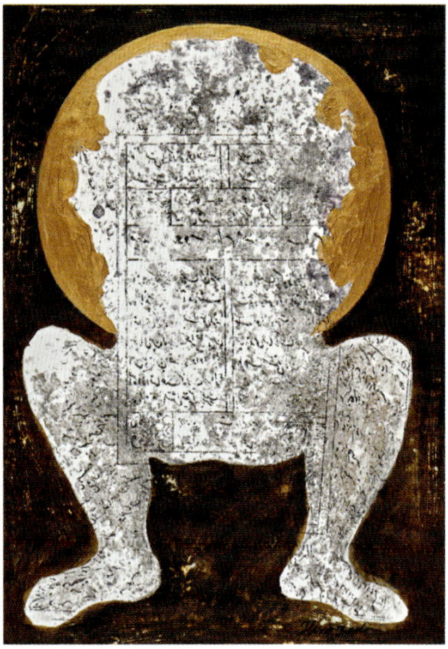 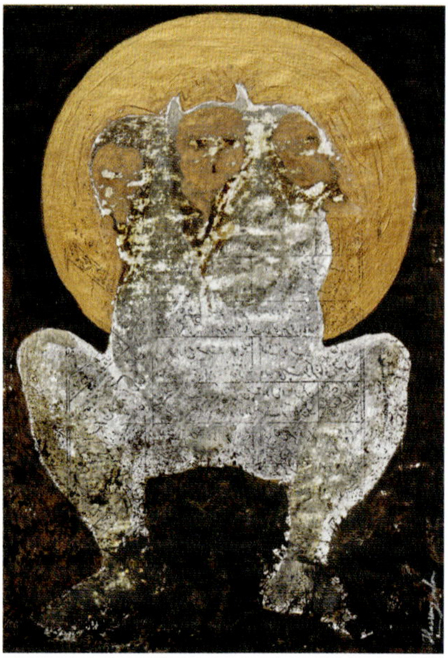

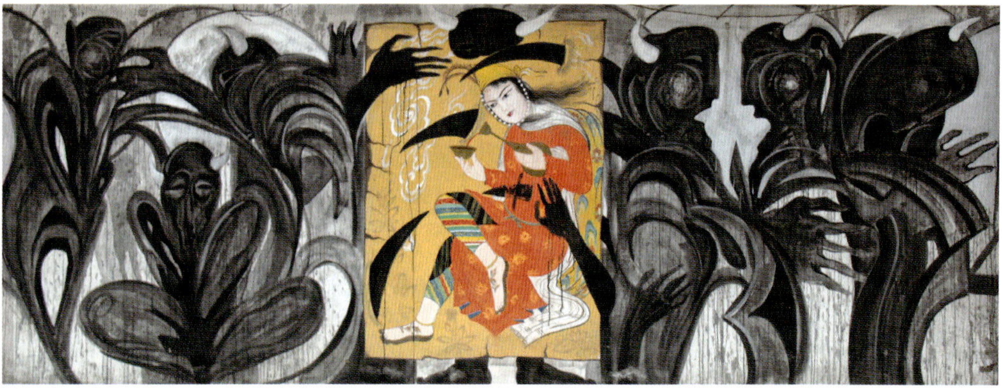

M. Mahdi Hamed Hassanzada, *Div-e bi sar*
[*Div* sans tête | Headless *div*], Istanbul, 2017
Encre et acrylique sur carton | Ink and acrylic on cardboard
34,6 × 25 cm Collection particulière

M. Mahdi Hamed Hassanzada, *Div-e seh sar*
[*Div* aux trois têtes | Three-headed *div*], Istanbul, 2017
Encre et acrylique sur carton | Ink and acrylic on cardboard
34,5 × 24,8 cm Collection particulière

M. Mahdi Hamed Hassanzada, *Div*, Kaboul, 2015
Fresque réalisée sur un mur du Cactus Cafe | Fresco made on a wall of Cactus Cafe
2 m × 20 m Jugée blasphématoire, cette fresque est détruite un an plus tard / considered blasphemous, this fresco is destroyed a year later.

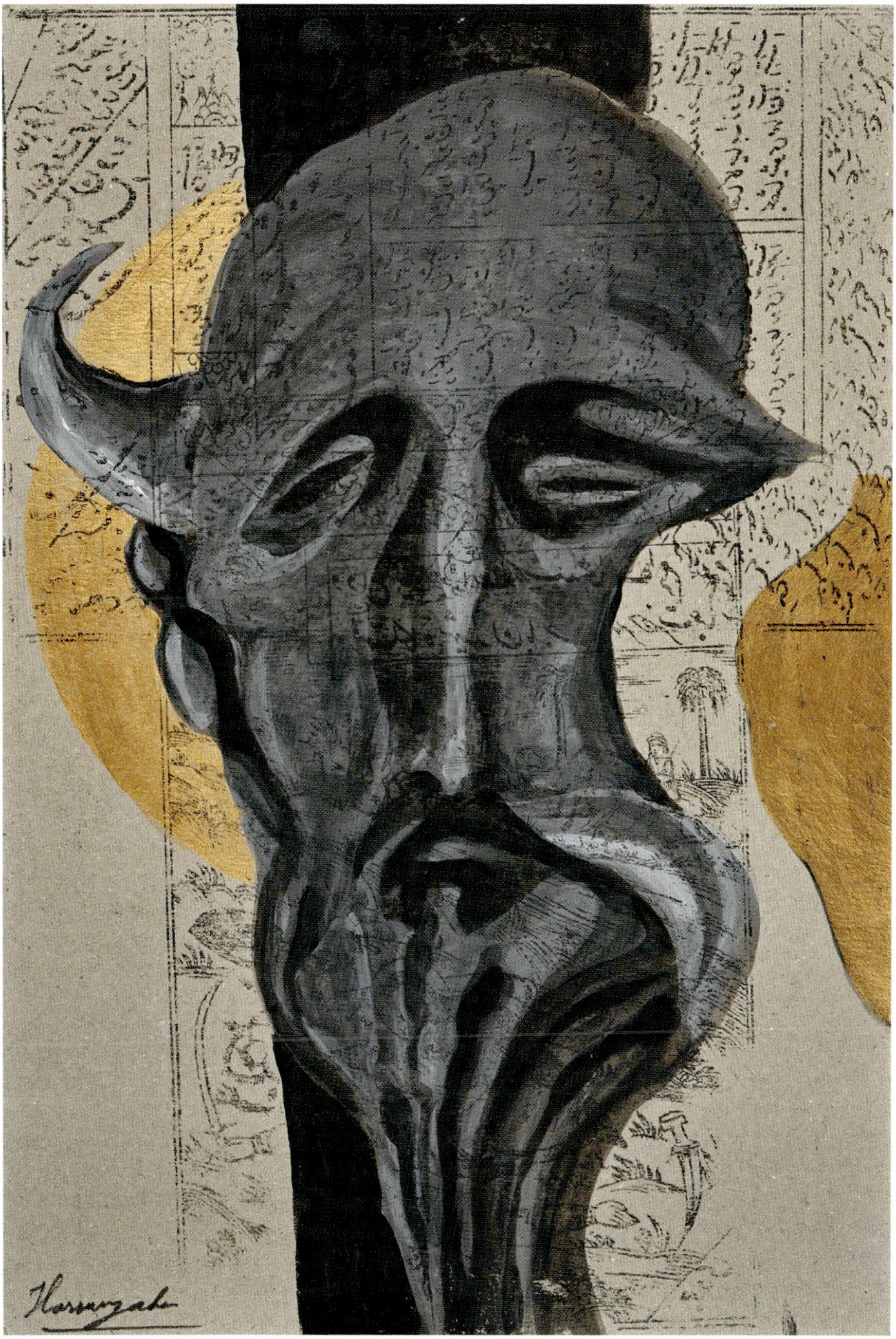

M. Mahdi Hamed Hassanzada, *Div*, Istanbul, 2017
Encre et acrylique sur carton | Ink and acrylic on cardboard
34,7 × 24 cm Collection particulière

Kubra Khademi

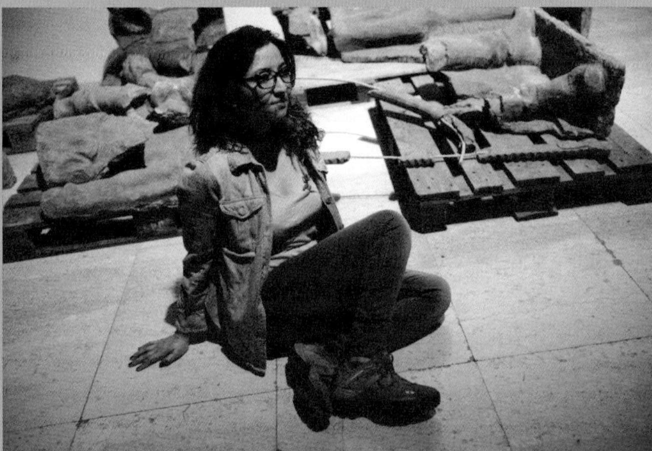

Née en 1989, Kubra Khademi a passé son enfance entre l'Iran, l'Afghanistan et le Pakistan où elle finit ses études secondaires. En 2008, elle retourne seule en Afghanistan et réussit le concours d'entrée à l'université. Passionnée de dessin, elle intègre la faculté des beaux-arts de Kaboul. Mais, déçue par l'enseignement, elle retourne au Pakistan pour étudier les arts à l'université de Beaconhouse à Lahore grâce à une bourse. C'est là qu'elle s'initie à la vidéo et à la performance. Chaque été, elle revient dans sa région d'origine à Ghor, dans le Hazarajat, et à Kaboul, où elle s'installe après ses études. En 2015, elle a réalisé sa performance *Armor* [Armure]. Elle a revêtu une armure en fer qui tout à la fois la protégeait et mettait en avant ses formes féminines, puis a traversé le quartier de Kote Sangi, un des plus peuplés de la capitale. Ont suivi menaces et fatwas, qui l'ont forcée à fuir. Depuis, elle vit et travaille en France. En 2016, une bourse lui est décernée au Panthéon et la ministre de la Culture l'élève au rang de chevalier de l'ordre des Arts et des Lettres. Elle explore aussi bien le dessin que la performance. Elle crée en 2017 *18 kg Performance* au palais de Tokyo et expose en 2019 à la galerie Valérie-Delaunay "Corps et désaccords".

Born in 1989, Kubra Khademi spent his childhood in Iran, Afghanistan and Pakistan, where she completed her secondary studies. In 2008 she went back to Afghanistan on her own and passed the university entrance exam. Passionate about drawing, she enrolled at the Fine Arts faculty in Kabul. Disappointed by the teaching, however, she went back to Pakistan to studied the arts at Beaconhouse University in Lahore, where she had a grant. That is where she learned about video and performance. Every summer, she comes back to her home region, Ghor, in Hazarajat, and to Kabul, where she settled after her studies. In 2015 she put on her performance *Armor,* in which she wore iron armour which both protected her and set off her female forms, then crossed Kote Sangi, one of the capital's most populous quarters. Since then she has lived and worked in France. In 2016 she was awarded a scholarship at Panthéon Sorbonne University and the Ministry of Culture made her a knight of the Order of Arts and Letters. She explores both drawing and performance. In 2017 she creates *18 kg Performance* at the Palais de Tokyo and shaws in 2019 at the galerie Valérie-Delaunay "Corps et désaccords".

Mon atelier est partout. Je fais beaucoup de résidences, en migrant d'un lieu à l'autre. Quand j'ai commencé à utiliser mon corps, ça a été comme une renaissance. Je prépare toujours mes performances avec des dessins. Je revisite mon corps dans mes expériences de l'enfance, dans les situations absurdes où l'innocence est confrontée à un monde adulte austère et violent.

Enfant, j'étais intenable, je jouais de tout, avec tout. Une prière de quelques minutes devenait un solo de danse et de grimaces d'une heure, j'imitais les femmes que je voyais dans les mariages, et cela faisait rire tout le monde sauf ma mère. J'étais la honte de la famille. Cette petite fille innocente que je regarde aujourd'hui me fait rire. Je portais toujours la même robe à fleurs et je rêvais de belles robes et de tous les avantages dont nous, les filles, étions privées, comme le meilleur du plat, la meilleure place, la plus chaude couverture, qui revenaient à mes frères. Quelle injustice !

J'ai été violée à l'âge de cinq ans. C'est hélas plus commun qu'on ne le pense. J'ai regretté de ne pas avoir une culotte en fer ! C'est de là que vient l'armure, un habit qui nous protège "des mâles". Je parle de "mâle" parce qu'il n'y a plus d'humanité chez ces hommes. Ils crient, veulent toucher, rien d'autre n'habite leur regard que la bestialité. C'est ce que je voulais donner à voir et vivre dans la performance réalisée au cœur de la ville. La femme n'a pas de place dans l'espace public. Pour ces "mâles", c'est comme un jeu : quand il y en a une qui sort, il faut l'attraper ! J'ai fabriqué l'armure grâce à une gazinière et un marteau. J'y ai travaillé tous les jours une heure durant un mois.

Je suis féministe. Pour moi ça signifie dire non à tout ce qu'une société a approuvé et accepté : dire non à la condition imposée à la femme, à celle d'esclave, à celle d'objet sexuel. Je veux dire oui à la liberté.

Après Armor, *j'ai dû quitter l'Afghanistan. Cette performance n'a pas été comprise par tous, dans mon pays. On m'a reproché de l'avoir réalisée pour provoquer et quitter le pays. Mais ce n'est pas si simple de partir. Mon action a malgré cela eu une influence sur des jeunes filles afghanes. J'ai reçu des messages de soutien et même de remerciement via les réseaux sociaux. Internet est un outil remarquable pour prendre connaissance de nos droits et les revendiquer. Le mouvement Me Too est une révolution. Ma performance a inspiré d'autres artistes dans le monde. Une artiste française, Mina Mond, m'a peinte dans* Kubra's Battle, *comme sortant d'un cheval de Troie. Un joaillier, Joy Complex, a créé un pendentif à l'effigie de mon armure. Il y a eu aussi une chanson composée par Tony Alderman intitulée* Kubra Khademi's Costume. *Je sens que mon travail a une résonance universelle et cela me porte. Récemment, après une de mes performances, une femme japonaise en larmes est venue me voir et m'a dit : "Cette jeune femme afghane, c'est moi."*

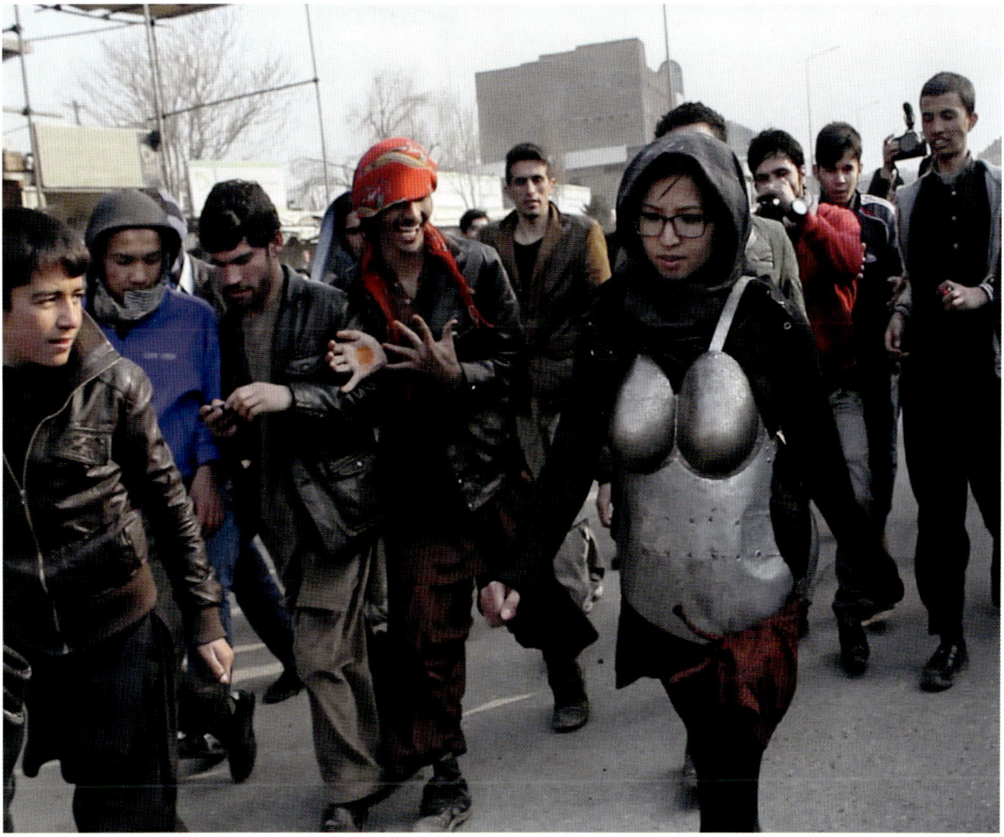

Kubra Khademi, *Armor* [Armure], Kaboul, 2015
Vidéo, 3'14
Photographie de | Photograph by Naim Karimi

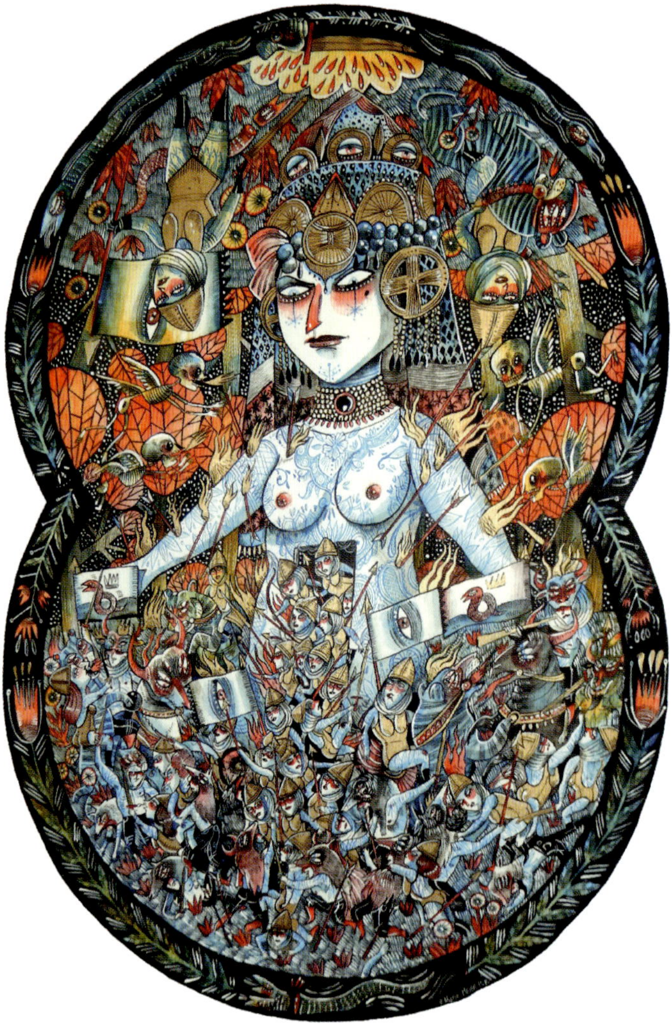

Mina Mond, *La Bataille de Kubra* [Kubra's battle], 2015

Aquarelle sur papier | Watercolor on paper

100 × 70 cm Collection Laurent et Laurent

My studio is everywhere. I do a lot of residencies, travelling from one place to another. When I started using my body, it was like a rebirth. I always prepare my performances with drawings. I revisit my body in my childhood experiences, in absurd situations in which innocence is confronted with an austere and violent adult world.

As a child there was no holding me. I played at everything, with everything. A prayer lasting several minutes became an hour-long solo of dancing and making faces. I imitated women that I saw at weddings and it made everyone laugh, except my mother. I was the shame of the family. That innocent little girl I am looking at now makes me laugh. I always wore the same floral dress and I dreamed of beautiful dresses and all the advantages of which we girls were deprived, like the best part of the dish, the best seat, the warmest blanket, which went to my brothers. What an injustice!

I was raped when I was five. Sad to say, this is more common than I thought. I wished 'I'd had iron knickers! That's where the armour comes from, clothing that protects us from "males." I say "male" because there is no humanity in men any more. They cry out, want to touch. All you can see in their eyes is bestiality. That's what I wanted to show and share in the performance I put on in the centre of the city. Women have no place in public space. For these "males" it's like a game: when one of them comes out, you must catch her! I made the armour using a gas cooker and a hammer. I worked on it for an hour every day over a month.

I am a feminist. For me, that means saying no to everything that a society has approved and accepted: saying no to the conditions imposed on women, as slave, as sexual object. I want to say yes to freedom.

After Armor *I had to leave Afghanistan. Not everyone in my country understood the performance. I was accused of having put it on to provoke people, so that I could leave the country. But leaving is not that simple. In spite of it all, my action had an influence on young Afghan girls. I received messages of support and even thanks via social media. The Internet is a remarkable tool for finding out about our rights and asserting them. The MeToo movement is a revolution. My performance inspired other artists around the world. A French artist, Mina Mond, depicted me coming out of a Trojan Horse in* Kubra's Battle. *A jeweller, Joy Complex, designed a pendant as a likeness of my armour. There is also a song composed by Tony Alderman and titled* Kubra Khademi's Costume. *I feel that my work has a universal resonance and that boosts me. Recently, after one of my performances, a Japanese woman came to see me in tears and said, "This young Afghan woman is me."*

Kaveh Ayreek

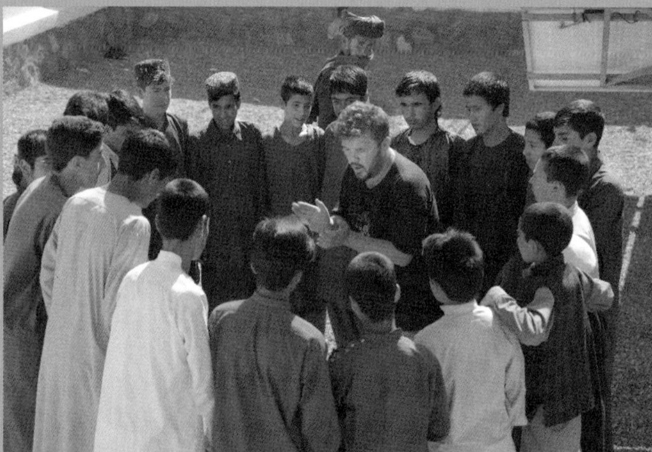

Né en 1981 dans la province de Deykundi, Kaveh Ayreek a cinq ans quand sa famille, en pleine guerre, trouve refuge en Iran, à Téhéran. Privé de formation car afghan, il devient tailleur et maçon. En 2001, il se rend à Hérat pour acheter une terre. Après avoir accepté son offre, le vendeur pachtoun lui dit : "Je te vends cette terre, mais elle me reviendra." Il comprend alors qu'il sera toujours assigné à la marge, privé de droits en tant qu'Afghan en Iran ou comme Hazara en Afghanistan. Il retourne en Iran, intègre une compagnie de théâtre de réfugiés afghans, puis l'Association des artistes afghans. Avec rage et détermination, il joue, met en scène, écrit et suit des formations dans le domaine du cinéma. En 2008, il rentre en Afghanistan, conçoit des films pour la campagne présidentielle et intègre les cercles de jeunes artistes et intellectuels de la capitale. Artiste engagé et défenseur des Droits de l'homme, il monte un spectacle avec des toxicomanes en sevrage, un autre tiré du *Petit Prince* de Saint-Exupéry, réalise des courts métrages et des documentaires. Avec sa compagnie Mime Theater Group, il élabore des performances urbaines pour sensibiliser à l'injustice des crimes quotidiens, anime des ateliers pour les populations déplacées et monte un théâtre d'ombres et de marionnettes.

Born in Deykundi Province in 1981, Kaveh Ayreek was five years old when his family sought refuge in Iran, in Tehran. Deprived of an education on account of being an Afghan, he became a tailor and mason. In 2001 he travelled to Herat to buy land. When they reached an agreement, the Pashtun seller told him: "I am selling you this land, but it will come back to me." He realised then that he would always be a marginal, deprived of rights as an Afghan in Iran and as Hazara in Afghanistan. He went back to Iran, joined a theatre company formed by Afghan refugees. With passion and determination, he acted, directed, wrote and took courses in cinema. In 2008 he went back to Afghanistan, conceived films for the presidential campaign and joined the circles of young artists and intellectuals in the capital. An engaged artist and defender of human rights, he put on a show with addicts in the process of coming off drugs and another taken from Saint-Exupéry's *Petit Prince*, and made short films and documentaries. With his company, the Mime Theater Group, he created urban performances to raise awareness of everyday crimes, led workshops for displaced populations, and set up a shadow puppet theatre.

Je travaille loin du centre-ville, l'air y est meilleur. Mon appartement est mon atelier. Je me lève face aux montagnes, qui restent là, quoi qu'il arrive. J'écris, je répète et je reçois des amis avec mon épouse Fatemah, qui est aussi ma partenaire dans le travail et sur scène.

J'ai commencé les performances urbaines en 2014. Je voulais aller à la rencontre du public, pour clamer nos droits, lutter contre l'injustice et mobiliser les médias. Les attentats survenaient dans la rue, c'était là qu'il fallait jouer. Il y avait aussi moins de salles de spectacle. Une de mes pièces, Tchamedan-e kali *[La valise vide], écrite la même année, n'a jamais trouvé de lieu. Elle évoquait comment cette ville ne ressemble en rien à la manière dont elle est chantée au-delà des frontières.*

L'attentat du 17 janvier 2014 dans le restaurant La Taverne du Liban a fait vingt et un morts. Deux jours plus tard, une manifestation pacifique d'un collectif de citoyens revendiquant leurs "droits à vivre en paix" a été organisée devant le restaurant. J'ai mis en place la performance Ghorbanian *[Victimes] avec un scénario qui se déroulait au cœur de cette manifestation et sans que le public ne le sache. Les manifestants portaient des pancartes "Nous voulons la paix", "Nous résisterons au terrorisme", "Nous sommes des êtres vivants et le terrorisme ne fait pas partie de notre culture". J'étais un simple citoyen traversant le cortège avec son sac de commissions. L'idée était de mettre en scène la mort et son impact. Je devais m'effondrer au sol vingt et une fois durant le parcours des manifestants. Avec les contraintes de la déambulation, je n'ai pu m'écrouler que trois fois, après lesquelles un collègue a tracé le contour de mon corps au sol comme sur les scènes de crime. Je voulais signifier l'absence.*

La première fois que je suis tombé, il y a eu des cris, certains se sont précipités pour me porter secours, ensuite les manifestants ont interagi avec la performance et ont posé des fleurs et leurs pancartes sur moi. Je voulais rendre hommage aux vingt et une victimes et à tous les morts que cette ville a engloutis, sans laisser de traces. Kaboul est peuplée de fantômes et de crimes que cache par nécessité l'urgence du présent. En 2015, j'ai réalisé Mosaferan *[Les passagers] sur la prise d'otages par l'État islamique des passagers d'un bus. Dans le parc Zarnegar de Kaboul, la performance rejouait l'acte des ravisseurs et laissait entendre la voix des otages. Tous les passagers mouraient. En réalité, seuls les sept Hazaras, dont une fille de neuf ans, Tabassom, ont été décapités. Puis, il y a eu la même année* Siah o sefid *[Noir et blanc] à Ghor, une performance participative où la compagnie rejouait l'attaque qui s'était déroulée quelques semaines plus tôt durant un mariage.*

Depuis peu, le gouvernement a réglementé sévèrement les possibilités de se produire en public. Certains lieux clos, comme des parcs, sont envisagés, mais là encore les autorisations sont difficiles et longues à obtenir… évidemment pour des raisons sécuritaires… Cela n'a désormais plus de sens.

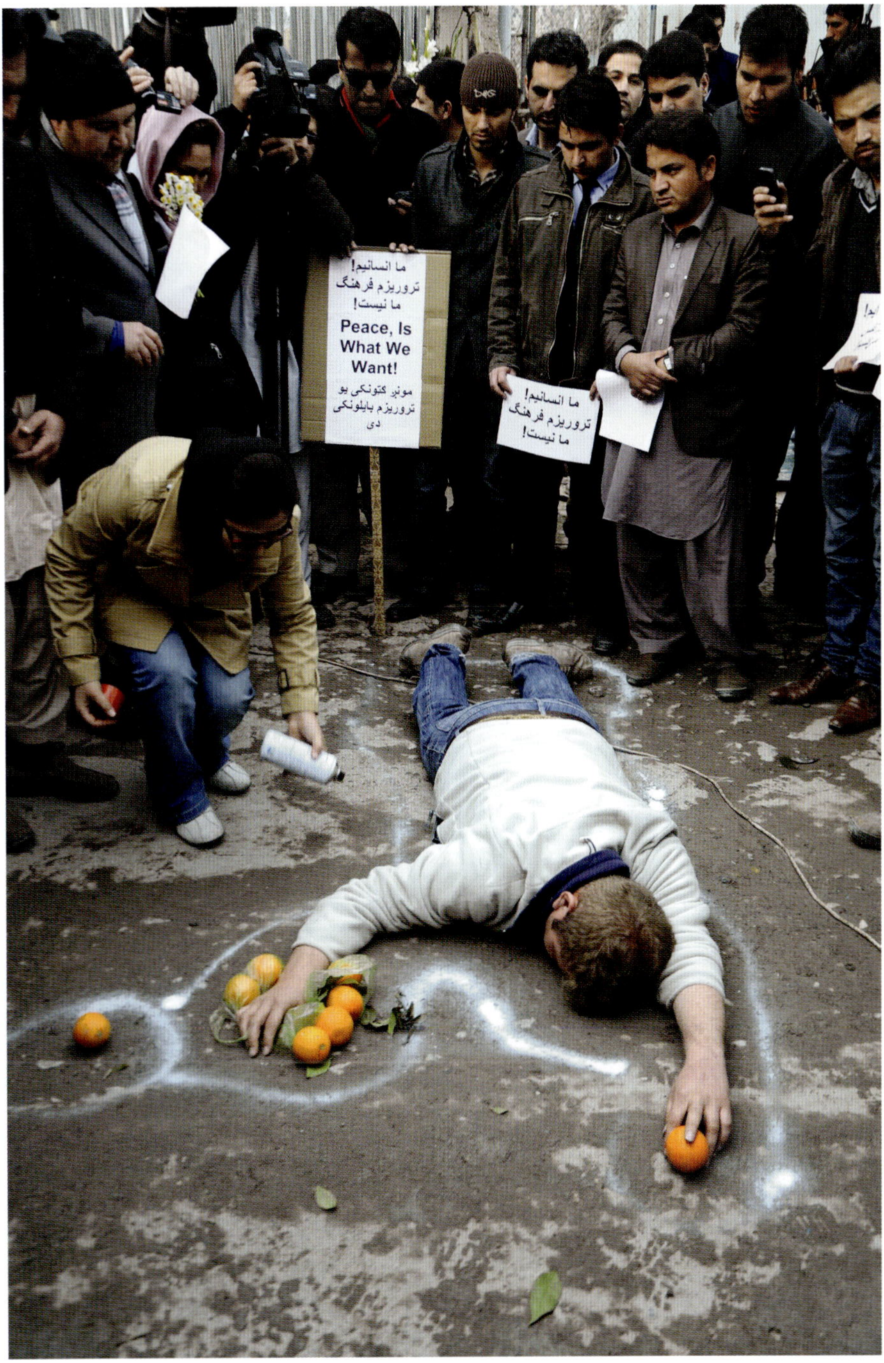

Kaveh Ayreek, *Ghorbanian* [Victimes | Victims]
Kaboul, 19 janvier 2014
Photographies de / photographs by Hadi Moravedj

La performance rend hommage aux vingt et une victimes de l'attentat perpétré dans le restaurant de Kaboul La Taverne du Liban et survenu deux jours plus tôt.

The performance pays tribute to the twenty-one victims of the attack perpetrated in the Kabul restaurant La Taverne du Liban and occurred two days earlier.

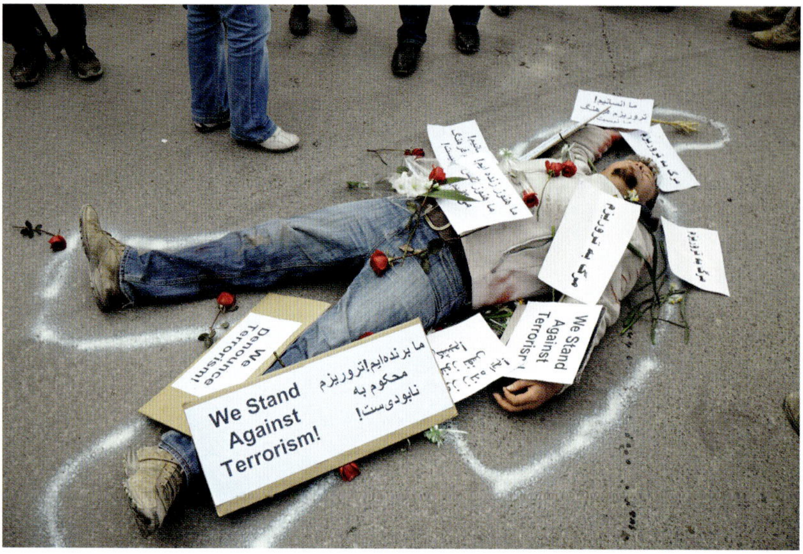
We Denounce Terrorism!
We Stand Against Terrorism!
ما برنده‌ایم!تروریزم محکوم به نابودی‌ست!
We Stand Against

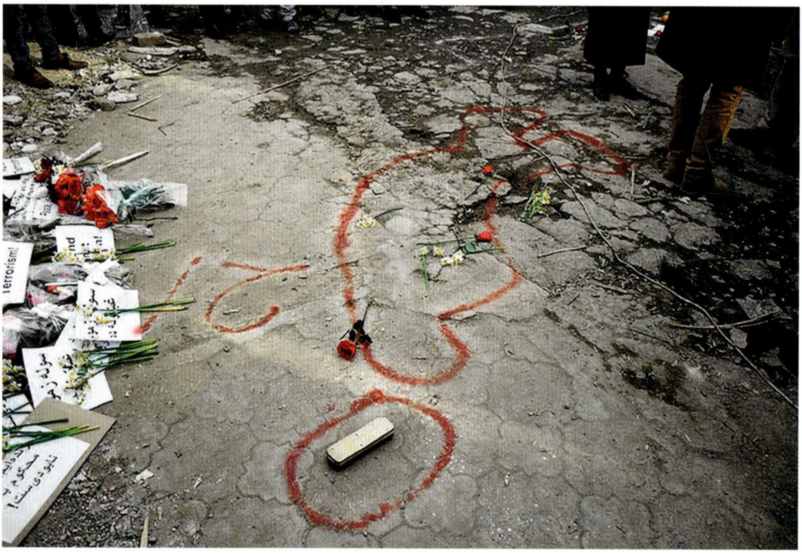

I work far from the town centre; the air is better there. My apartment is my studio. I get up with a view over the mountains, which will always be there, whatever happens. I write, I rehearse and I receive friends with my wife Fatemah, who is also my partner in work and on stage.

I started my urban performances in 2014. I wanted to be among the public, to claim our rights, to fight against injustice and get the media involved. There were bombs in the streets, and that was where we had to perform. One of my pieces, titled Tchamedan *[The Empty Suitcase], which was written the same year, never found a venue. It was about the fact that this city is nothing like the way in which it is evoked about beyond the frontiers.*

The bomb that went off on 17 January 2014 in the restaurant La Taverna du Liban killed twenty-one people. Two days later, a peaceful demonstration by a citizens' group asserting their "right to live in peace" was organised in front of the restaurant. I set up the performance Ghorbanian *[Victims] with a story that took place at the heart of this demonstration, which the public knew nothing about. The demonstrators carried placards saying "We want peace," "We shall resist terrorism," "We are living beings and terrorism is not part of our culture." I was a simple citizen moving through the procession with his shopping bag. The idea was to stage death and its impact. I was supposed to collapse to the floor twenty-one times along the protest route. Given the constraints of the march, I was able to collapse only three times, after which a colleague drew the outlines of my body on the ground, like at a crime scene. I wanted to signify absence.*

The first time I fell there were cries. Some people hurried to help me, then the demonstrators interacted with the performance and placed flowers and their placards on me. I wanted to pay homage to the twenty-one victims and to all the dead that the city has swallowed up, without leaving a trace. Kabul is full of ghosts and crimes that out of necessity are necessarily hidden by the emergencies of the present. In 2015 I made Mosaferan *[The Passengers] about when the Islamic State took the passengers of a bus hostage. In Zarnegar Park in Kabul, the performance replayed the actions of the kidnappers and made the voices of the hostages audible. All the passengers died. In reality, only the seven Hazaras, including a nine year-old girl, were beheaded. Then, the same year, there was* Siah o sefid *[Black and White] in Ghor, a participatory performance in which the company re-enacted the attack that had taken place a few weeks earlier during a wedding.*

Not long ago, the government severely regulated the possibilities of performing in public. Some closed places such as parks, are considered possible, but there too permission is difficult to obtain and slow in coming – for reasons of security, of course. Which really doesn't mean anything any more.

LA SÉCURITÉ : UN MYTHE

SECURITY: A MYTH

En Afghanistan, la question de la sécurité rythme la vie de la population et les décisions politiques. Essentielle pour l'économie, l'éducation et le système de santé, elle s'institutionnalise aussi à l'échelle individuelle jusque dans le mariage, qui présage alors un futur meilleur. Mais le mariage a un prix (jusqu'à 50 000 dollars). Il provoque des endettements sans fin et bien souvent un coût, celui de la désillusion. Omniprésente dans les esprits, la sécurité reste la grande absente du quotidien. Elle est une réponse à toutes les questions politiques : ce mot récurrent finit par perdre toute signification et par irriter.

L'insécurité a pris en revanche tout son sens : la guerre, la montée de l'extrémisme religieux et le renforcement des traditions l'attisent. Elle peut pousser à l'exil ou à un repli chez soi. L'espace privé devient alors un havre de paix ou enferme à nouveau, amenant la solitude et de perpétuels déséquilibres affectifs, conséquences du départ des proches ou des risques de disparition dans un attentat.

Dans ce contexte, les menaces adressées aux artistes se présentent par exemple sous la forme d'un courrier formel, qui donne l'ordre d'arrêter toute activité contraire à la charia, la loi islamique. Le tampon de l'administration des talibans, le numéro du district de la ville et la signature du responsable renforcent l'injonction. Sans réaction de l'intéressé, des menaces peuvent s'étendre à l'ensemble de la famille, et les habitations sont parfois saccagées. Il arrive que le courrier soit directement cloué à la porte d'entrée à la vue de tout le quartier, ce qui redouble la pression et encourage des dénonciations. Le contact téléphonique est également utilisé pour intimider les personnes menacées et les forcer à collaborer.

Face à cela, les pratiques superstitieuses se développent, d'autant plus que près de 40 % de la population est illettrée. Parmi elles, une des plus anciennes utilise la pierre de *kharmohra*, qui est en fait un cartilage situé dans le cou des ânes – et qui, séché, devient dur comme de la pierre. Les croyances populaires lui attribuent nombre de vertus : elle apporterait le bonheur et inviterait au rêve. Elle peut ainsi devenir une promesse de sécurité à qui veut y croire. Mais elle a un prix (jusqu'à 600 dollars). Une fois la pierre achetée, la coutume veut que l'on se rende auprès d'un mollah qui – moyennant une somme d'argent (environ 100 dollars) – souffle dessus des versets du Coran pour que le souhait se réalise. D'une même façon, la pierre de *kharmohra* et la sécurité incarnent une promesse non tenue. Toutes les deux ont un coût élevé et laissent le goût amer de la désillusion et du sentiment de s'être fait duper.

In Afghanistan, the question of security dominates the life of the population and political decision-making. Essential for the economy, education and the health system, it is also institutionalised at the individual level in marriage, which presages a better future. But marriage comes at a price – up to 50,000 dollars – meaning endless debt, and often a hidden cost: disillusionment. Security is on everyone's mind and dramatically absent from everyday life. It is an answer to all political questions, to such an extent that it ends up losing all meaning and becoming an irritant.

The meaning of insecurity, is very plain, however. War, the rise of religious extremism and the radicalisation of traditions all contribute to this. It can drive men into exile or make them withdraw into private life. The latter offers a haven of peace but becomes a form of confinement, bringing solitude and constant emotional imbalance due to the departure of loved ones or the risks of their death in an attack.

In this context, threats made against artists may take the form of a formal letter ordering them to cease any activity that runs counter to Islamic Sharia law. The stamp of the Taliban administration, the district number of the city and the signature of the official in charge add weight to the injunction. If the recipient fails to react, the threats can extend to his family and houses may sometimes be ruined. Sometimes, the letter is nailed to the door of the house so that all the neighbours can see it, doubling the pressure and encouraging informers. Telephone harassment is also used to intimidate and force people to collaborate.

In such circumstances, superstitious practices are spreading, especially since more than 40% of the population is illiterate. One of the oldest superstitions involves the *kharmohra* "stone," which is in fact a cartilage from a donkey's neck that becomes hard as a stone when dry. Among the powers with which it is credited by popular belief, it can bring happiness and encourage dreaming. It can also be seen as a token of safety. And it is expensive: up to 600 dollars. Once purchased, it is customary to go and visit a mullah who, in exchange for payment (about a hundred dollars), will whisper verses from the Koran over the stone in order to make the wish come true. Together, the *kharmohra* stone and the prospect of security symbolise broken promises. Both have a high price and leave the bitter taste of disillusion and a feeling of being had.

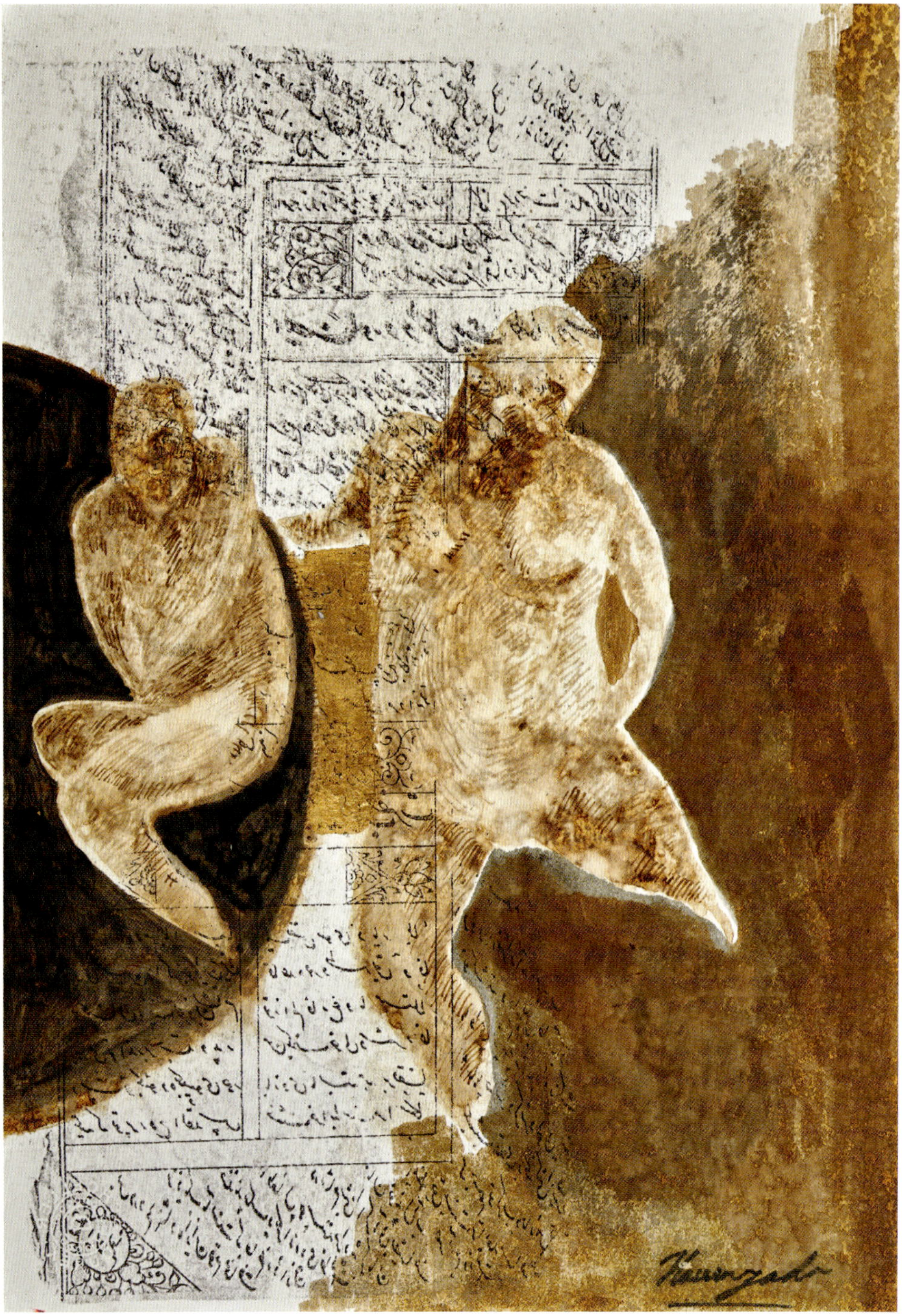

M. Mahdi Hamed Hassanzada, *Yaran, raqs*
[Les amants, la danse | The lovers, the dance], Istanbul, 2017
Encre et acrylique sur carton | Ink and acrylic on cardboard
29,5 × 20,5 cm Collection particulière

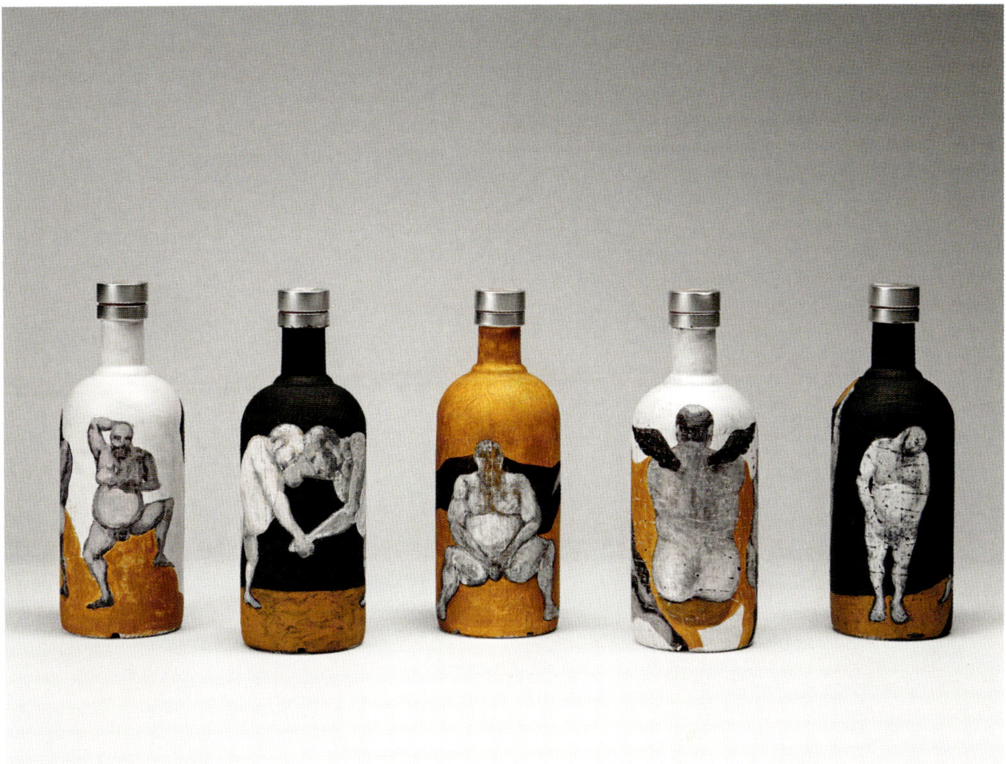

M. Mahdi Hamed Hassanzada, *Tanhai-ye orian*
[La solitude nue | The naked solitude], Istanbul, 2017
Acrylique et gesso sur bouteilles en verre | Acrylic and gesso on glass bottles
Collection de l'artiste

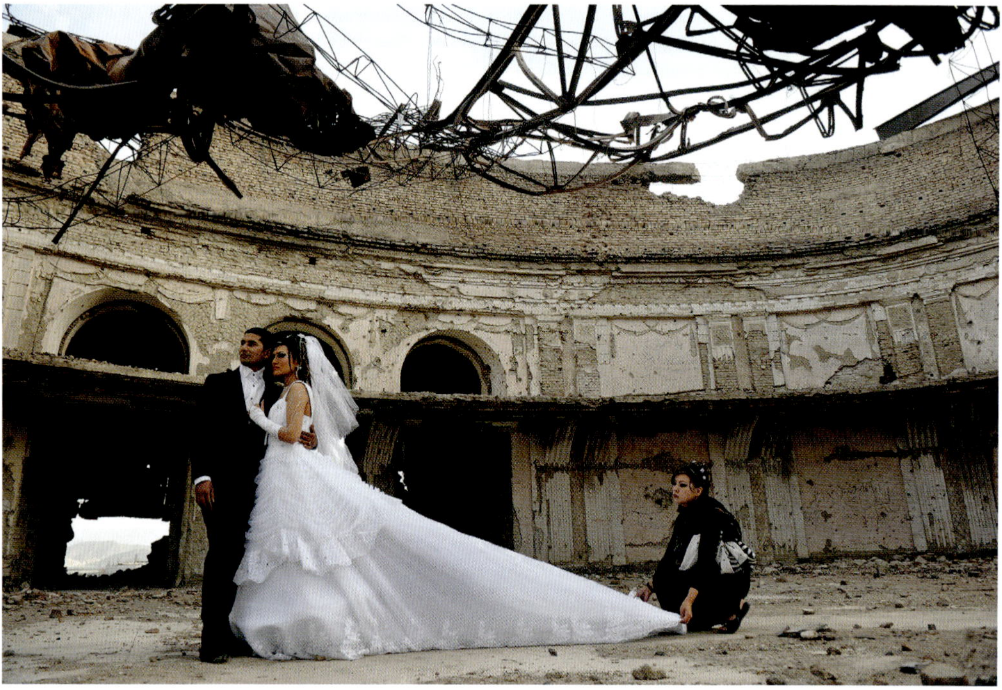

Farzana Wahidy, *Beginning* [Commencement]
Kaboul, 2011
Photographie | Photograph
Collection de l'artiste

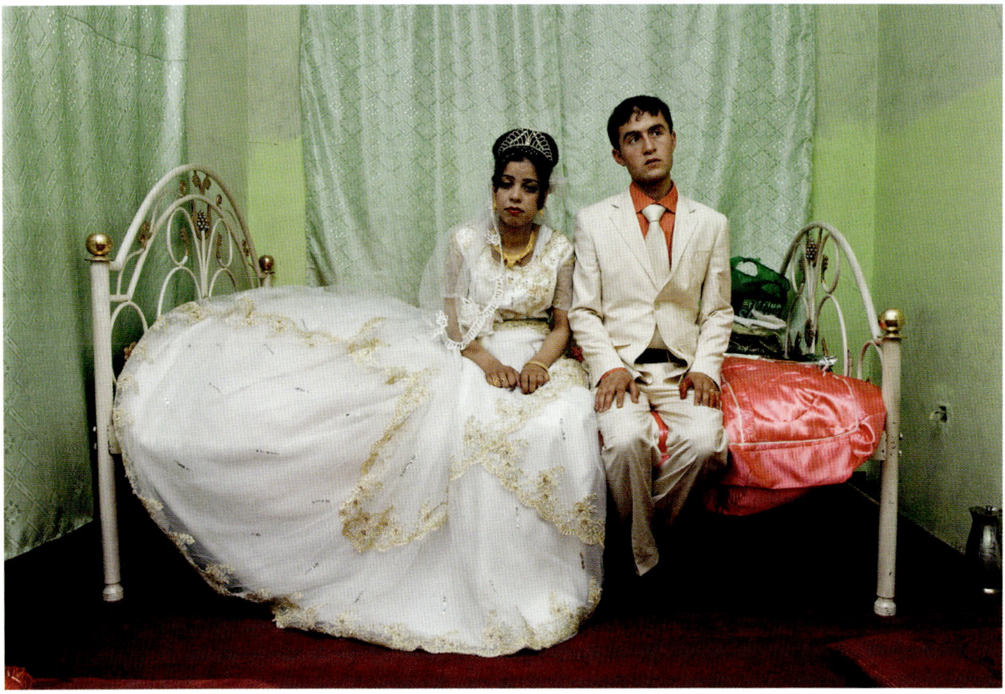

Farzana Wahidy, *Marriage* [Mariage]
Kaboul, 2008
Photographie | Photograph
Collection de l'artiste

Abdul Wahab Mohmand

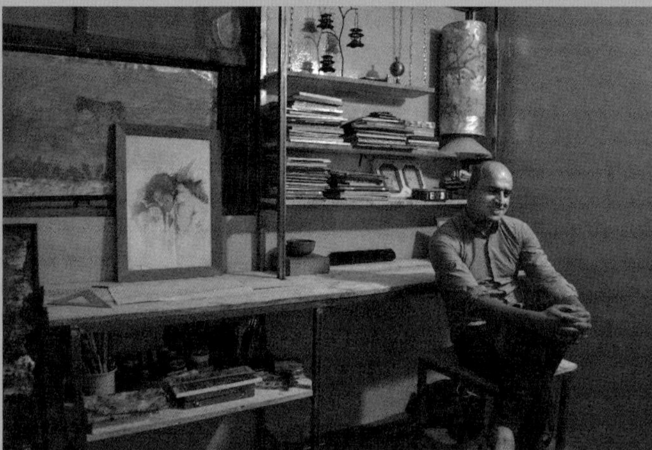

Né à Kaboul en 1982, Abdul Wahab Mohmand grandit avec l'âpreté et le silence imposés par les guerres. Il est particulièrement marqué par la guerre civile. Alors que ses journées sont rythmées par la recherche de nourriture, les combats et l'enterrement des cadavres, il commence à dessiner. Il emprunte les livres de sa tante qui a étudié aux Beaux-Arts. Quand les talibans arrivent au pouvoir, il pense le chaos fini, mais à la peur et à la famine s'ajoutent les interdits et les châtiments. La famille fuit d'abord pour le Laghman, sa région d'origine, puis au Pakistan, où le père, avocat de formation, ouvre un magasin. A. W. Mohmand fait des études de physique et de mécanique. En 2004, lorsque la famille revient au pays, il s'inscrit à l'université de Kaboul, où il étudie la géologie. Une déception amoureuse le bouleverse : il arrête ses études et vit deux ans dans la rue. De retour auprès des siens, A. W. Mohmand s'inscrit à la faculté des beaux-arts.

Born in Kabul in 1982, Abdul Wahab Mohmand grew up amidst the rigours and silence of wartime. He was particularly marked by the civil war. While his days were dominated by the search for food, the fighting all around and burying the dead, he also started drawing. He borrowed books from his aunt, who had studied at art school. When the Taliban came to power he thought the chaos was over, but now fear and famine were compounded by prohibitions and punishments. At first the family fled for Laghman, their region of origin, then they went to Pakistan where his father, originally a lawyer, opened a shop. A. W. Mohmand studied physics and mechanics. In 2004 the family returned to Afghanistan and he enrolled at Kabul University to study geology. Heartbroken by the end of an amorous relationship, he dropped out and spent two years living in the street. Returning to his family, A. W. Mohmand now enrolled to study art.

Étudiant contestataire, il détourne les situations et emmène des objets insolites en classe pour les dessiner. Le professeur Rahraw Omarzad l'encourage, l'éveille à l'art conceptuel et à une réflexion sur l'histoire de l'art. Une fois diplômé, il devient graphiste et illustrateur avant de travailler à la fondation culturelle britannique Turquoise Mountain. En 2009, il accompagne la réalisation d'une exposition, “Living Tradition”, à la Biennale de Venise, qui concilie arts traditionnels et art contemporain en Iran, en Afghanistan et au Pakistan aux côtés de Jemima Montagu. Il coorganise les trois éditions du Contemporary Art Prize et conçoit le Prix national de la calligraphie en 2010. A. W. Mohmand obtient un master de la faculté des beaux-arts de Kaboul, puis enseigne au sein du département de photographie jusqu'en 2018 avant de s'exiler en Allemagne. Dans un camp de demandeurs d'asile, il dessine avec une liberté nouvelle et anime des ateliers.
Dans tout son travail, A. W. Mohmand s'interroge sur la croyance : les objets référents, les lieux, les pratiques sociétales. La forme qu'il privilégie est l'installation.

A great protester as a student, he took an unorthodox approach, bringing unusual objects to class to draw. His professor, Rahraw Omarzad, encouraged this behaviour, introducing him to conceptual art and stimulating his critical awareness of art history. Having obtained his diploma he became a graphic artist and illustrator and then went on to work for the British cultural foundation Turquoise Mountain. In 2009 he worked with Jemima Montagu on the organisation of an exhibition at the Venice Biennale, *Living Tradition,* which brought together traditional arts and contemporary art from Iran, Afghanistan and Pakistan. He co-organised the three editions of the Contemporary Art Prize and conceived the National Calligraphy Prize in 2010. A. W. Mohmand obtained a master's degree from the Faculty of Fine Arts and taught in the photography department until 2018, when he went into exile in Germany. While in the camp of asylum seekers, he started drawing with a freedom that was new to him and ran workshops for others.
In all his work, A. W. Mohmand questions belief: its sacred objects, its places, and societal practices. His privileged medium is installation.

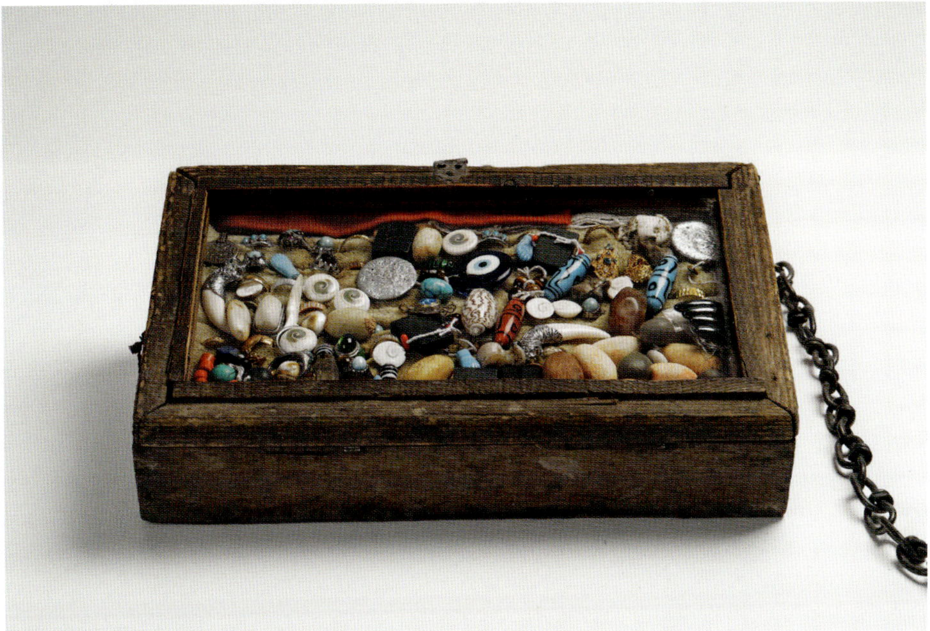

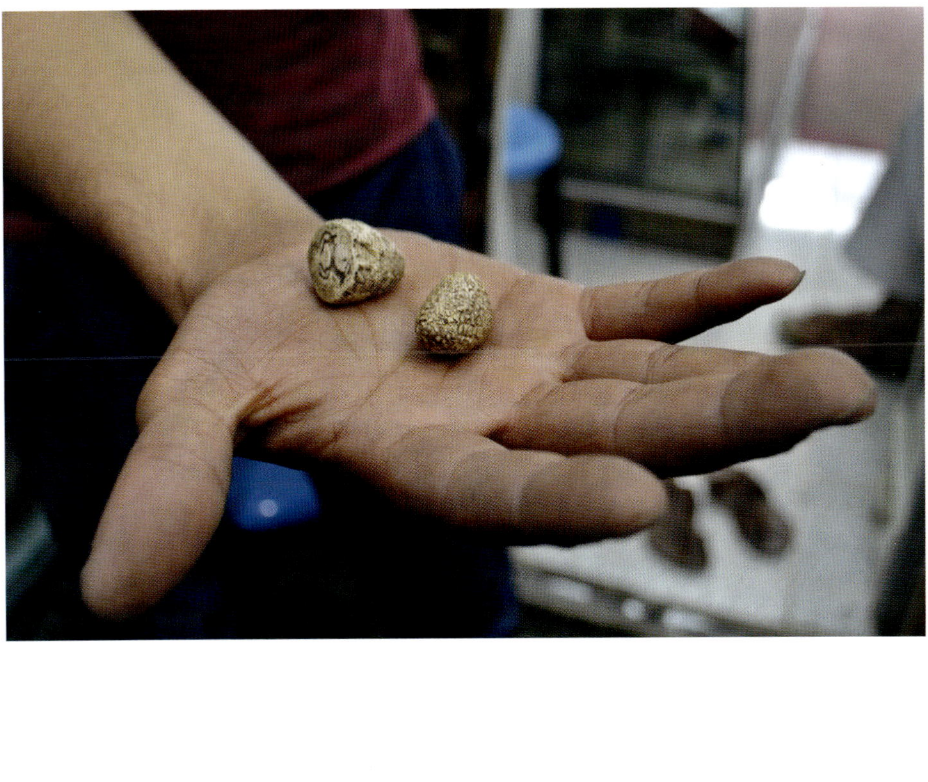

Abdul Wahab Mohmand, *Tchawki-ye marg*
[Le siège de la mort | The seat of death], 2019
Détail de l'installation | Detail from installation
Production Mucem

Une pierre de *kharmohra* présentée par un vendeur
[A *kharmohra* stone exhibited by a seller]
Kaboul, 2017

Les croyances rassurent, mais elles laissent aussi libre cours à des manipulations car personne n'ose les remettre en question, pas même les institutions qui nous gouvernent. Quiconque s'y attelle prend un risque pour lui et les siens. La frontière entre croyance religieuse traditionnelle et superstition est très mince. La pratique du tawez, *qui consiste à porter une amulette contenant généralement des versets du Coran, permet de réaliser un vœu ou d'éloigner le mauvais sort, tout comme le port de pierres, d'os, de dents d'animal… À chaque nature de vœu sa pierre ! La pierre de* kharmohra *serait plus efficace dans le domaine de l'amour. Toutes ces croyances sont alimentées par des religieux, et ces pierres et amulettes sont vendues le plus souvent autour des mosquées. La plupart des familles afghanes en possèdent. Ces croyances révèlent une part de notre intimité. Mais ce qui me révolte, c'est que nous nous en remettons plus à elles pour construire notre vie qu'à la raison.*

La pierre de kharmohra *est au centre de plusieurs de mes installations. Il faut l'acheter, puis payer le mollah qui souffle des versets du Coran sur la pierre pour que le vœu se réalise… En cela, il y a un parallèle évident avec la sécurité, objectif qui a coûté des milliards de dollars à la communauté internationale sans que l'on n'en voie la couleur. Ces croyances, espoirs, manipulations et désillusions sont au cœur de notre histoire depuis des décennies. Nous avons vu le pire, rêvé d'un mieux, puis est arrivé le pire. Nous avons cru les promesses de sécurité, misé sur elles en construisant des maisons, en fondant des familles, en faisant des études… Les années ont passé et… rien ! En 2019, nous parlons même de négociations avec les talibans.*

Dans l'installation Tchawki-ye marg *[Le siège de la mort], une pierre tombale devient une assise au-dessus de laquelle est suspendue une pierre de* kharmohra. *Au moment où cette stèle a été commandée (avril 2019), j'étais demandeur d'asile en Allemagne. J'ai reçu un coup de fil de Kaboul : "Que veux-tu que l'on grave sur la tombe ?" J'ai répondu : "Abdul Wahab Mohmand." "Quelle date inscrit-on ?" Nous indiquons rarement la date de naissance, alors j'ai donné celle de ma mort : "Le 22 décembre 2018." Cette date correspond à mon entrée dans un camp de demandeurs d'asile. J'ai été pris de vertige à ce moment-là, comme si je n'étais plus, comme si j'avais perdu ma famille, tout ce que j'avais tenté de construire. J'étais mort… pour renaître.*

À Kaboul, j'ai rencontré beaucoup d'enfants qui travaillent dans la rue. Originaires de provinces en conflit (Kunduz, Helmand, Pol-e Tcharkhi, etc.), ils ont été confiés par leur famille à des tuteurs membres du clan. Ces enfants vivent dans des bidonvilles et collectent des canettes, des bouteilles en plastique, des os et des aérosols – produits au Pakistan –, qu'ils revendent à des grossistes pakistanais pour des sommes dérisoires. Ces déchets retournent ensuite au Pakistan où ils sont recyclés. L'Afghanistan reste une fois encore en marge d'un circuit économique, les Afghans sont consommateurs mais dépossédés d'un pouvoir d'action sur l'économie nationale. J'ai suivi pendant des mois ces enfants pour créer une installation qui dénonce ce cycle absurde. Ce travail est resté inachevé car j'ai quitté l'Afghanistan.

Beliefs reassure but they also give free reign to manipulation because nobody dares call them into question, not even the institutions that govern us. Whoever ventures to do so is taking a risk both for themselves and their family. The line between traditional religious belief and superstition is a fine one. The practice of tawez, *which consists in wearing an amulet, usually containing verses from the Koran, is used to fulfil wishes or neutralise a curse, as does wearing stones, bones or animals' teeth. Each kind of wish has its particular stone. The* kharmohra *stone is thought to be most effective in love. All these beliefs are encouraged by religious leaders and there is a healthy market in these stones and amulets, which are usually sold near the mosques. Most Afghan families own them. These beliefs say something about who we are as individuals. But what I find shocking is that we rely on them to define the construction of our lives much more than we should.*

The kharmohra *stone is at the centre of several of my installations. You have to buy it then pay the mullah who whispers suras from the Koran on the stone to make the wish come true. In this sense, there is an obvious parallel with security, which has cost the international community billions of dollars without any tangible result. These beliefs, hopes, manipulations and disillusionment have been at the heart of our history for decades. We have seen the worst, dreamed of something better, then the worst happened. We believed the promises of security, and on that basis we built houses, founded families, studied. The years passed and nothing happened! In 2019 there was even talk of negotiating with the Taliban.*

In the installation Tchawki-ye marg *[The Seat of Death] a tombstone becomes a seat above which hangs a* kharmohra *stone. At the moment when this slab was commissioned (April 2019) I was seeking asylum in Germany. I got a phone call from Kabul: "What do you want them to engrave on your tomb?" I answered: Abdul Wahab Mohmand. "What date should we inscribe?" We rarely indicate the date of birth, so I gave the date of my birth: "22 December 2018." That is the date I entered the asylum seekers camp. I felt a kind of dizziness at that moment, as if I no longer existed, as if I had lost my family, everything I had tried to construct. I was dead.... ready to be reborn.*

In Kabul I met a lot of children who worked in the street. Born in war-torn provinces (Kunduz, Helmand, Pul-e Charkhi, etc.), they were entrusted by their families to tutors who were members of the clan. These children live in shantytowns and collect cans, plastic bottles, bones and aerosols – produced in Pakistan – which they sell to Pakistani wholesalers for a paltry sum. This waste then goes back to Pakistan for recycling. Once again, here, Afghanistan remains on the margins of the economic circuit; Afghans are consumers but are without power of action over the national economy. I spent months following these children in order to create an installation that decries this absurd cycle. This work has remained unfinished because I have left Afghanistan.

Aziz Hazara

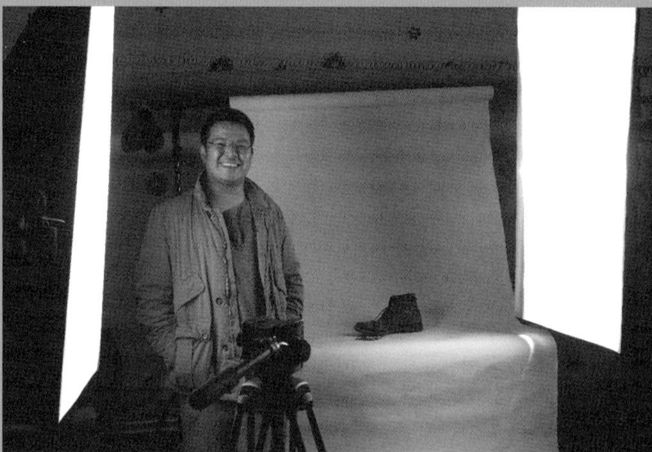

Aziz Hazara est né en 1992 dans le Wardak pendant la guerre civile. Il a quatre ans quand les talibans prennent le pouvoir. Mauvais élève, renvoyé d'école en école à Kaboul, il découvre adolescent la peinture, et ses enseignants l'encouragent à persévérer. Il travaille alors avec des maîtres miniaturistes et calligraphes. En 2013, il obtient une bourse de l'université de Beaconhouse à Lahore, au Pakistan, où il s'initie à la vidéo et à la photographie, réalise des installations et des performances. Pendant ces quatre ans de formation, il revient régulièrement à Kaboul.

Aziz Hazara was born in Wardak in 1992, during the civil war. He was four years old when the Taliban took power. A poor student, shunted from school to school in Kabul, he discovered painting as an adolescent and was encouraged to persevere by his teachers. He now began working with master miniaturists and calligraphers. In 2013, he obtained a grant for the Beaconhouse National University in Lahore, Pakistan, where he learned about video and photography, made installations and performances. During these four years of training, he returned regularly to Kabul.

J'ai commencé par la calligraphie. Le Coran est la transcription de la parole de Dieu et celui qui l'écrit effectue un acte pieux. Les paroles divines ne doivent pas être souillées ou se dégrader. Ainsi, des ablutions sont faites avant de calligraphier. Les calligraphies sont réalisées sur un papier "wasli", dont la fabrication, toujours réalisée à la main depuis l'époque mongole, préserve les miniatures et les calligraphies du passage du temps. Progressivement, j'ai senti que le sens des mots que j'écrivais ne trouvait pas de résonance avec le monde présent qui m'entourait. La sacralité de l'exercice était souillée. Dès lors, la rupture était faite : mes lettres étaient éclatées, les mots dépossédés, le sens brûlé. Je fis toute une série de calligraphies que j'intitulais Vajeh ha-ye sukhtah *[Les mots brûlés]. Depuis quelques années, je répertorie à chaque attentat les condamnations exprimées par les hommes politiques, tant afghans qu'internationaux. Il y en a des milliers... vidés de sens parce qu'ils n'ont aucun effet et sont répétés comme une litanie convenue. J'en ai fait une installation qui s'appelle* Wall of Condemnations *[Le mur des condamnations].*

Enfant, je n'avais pas peur malgré tout ce qui se passait autour de moi. Tout me semblait possible. Je me sentais libre. Aujourd'hui, je suis envahi par la peur. Je puise dans la légèreté de l'enfance d'innombrables images et souvenirs. J'aime faire dialoguer les images plus que les mots, qui semblent avoir échoué, pour tenter de raconter notre histoire.

En 2001, quand les Américains ont attaqué les talibans, Kaboul était dans le noir et je me souviens que nous, les enfants, étions sur les toits pour admirer les tirs et leurs traces lumineuses dans la nuit. C'est avec ce souvenir que j'ai commencé Dialectic *[Dialectique]. Cette installation, constituée de deux films, interroge les guerres en Afghanistan, la difficulté de les raconter et les effets de la pluralité des points de vue. Fondée sur des expériences et des perceptions troublantes,* Dialectic *met en résonance des enregistrements filmés de différentes guerres en Afghanistan, qui se réfléchissent sur une vitre brisée recouverte de la terre de mon pays. Il y a comme un jeu de miroirs.*

Le film Eclipse *[Éclipse], est composé d'images actuelles d'offensives des forces internationales contre les talibans. Au bruit des tirs s'ajoute la voix d'un jeune bègue qui tente de mettre des mots sur ces images, récite en anglais un poème d'Ahmad Shamlou, composé en persan en 1979 durant la révolution iranienne. Le poète iranien évoque la dignité de l'homme dans le chaos. Le poème est récité en anglais parce que j'étais au Pakistan quand j'ai fait cette installation. Cela raconte qu'un autre regard est possible, ailleurs, avec de la distance. Pour* Colors *[Couleurs], l'autre film, j'ai recueilli quatre à cinq heures d'archives des guerres de 1979 à 2001. Celui-ci n'a pas de son. Lors du montage, je ne cherchais pas une narration. S'il y en a une, elle vient de l'expérience que vit le public face à l'ensemble de l'installation.*

Les guerres qui ont meurtri l'Afghanistan peuvent être comprises de façons très différentes. Au Pakistan, j'ai lu en anglais des écrits qui racontent l'histoire récente de mon pays et vu beaucoup de reportages. J'ai compris les manipulations exercées par les puissances étrangères. Dans une vidéo, un général

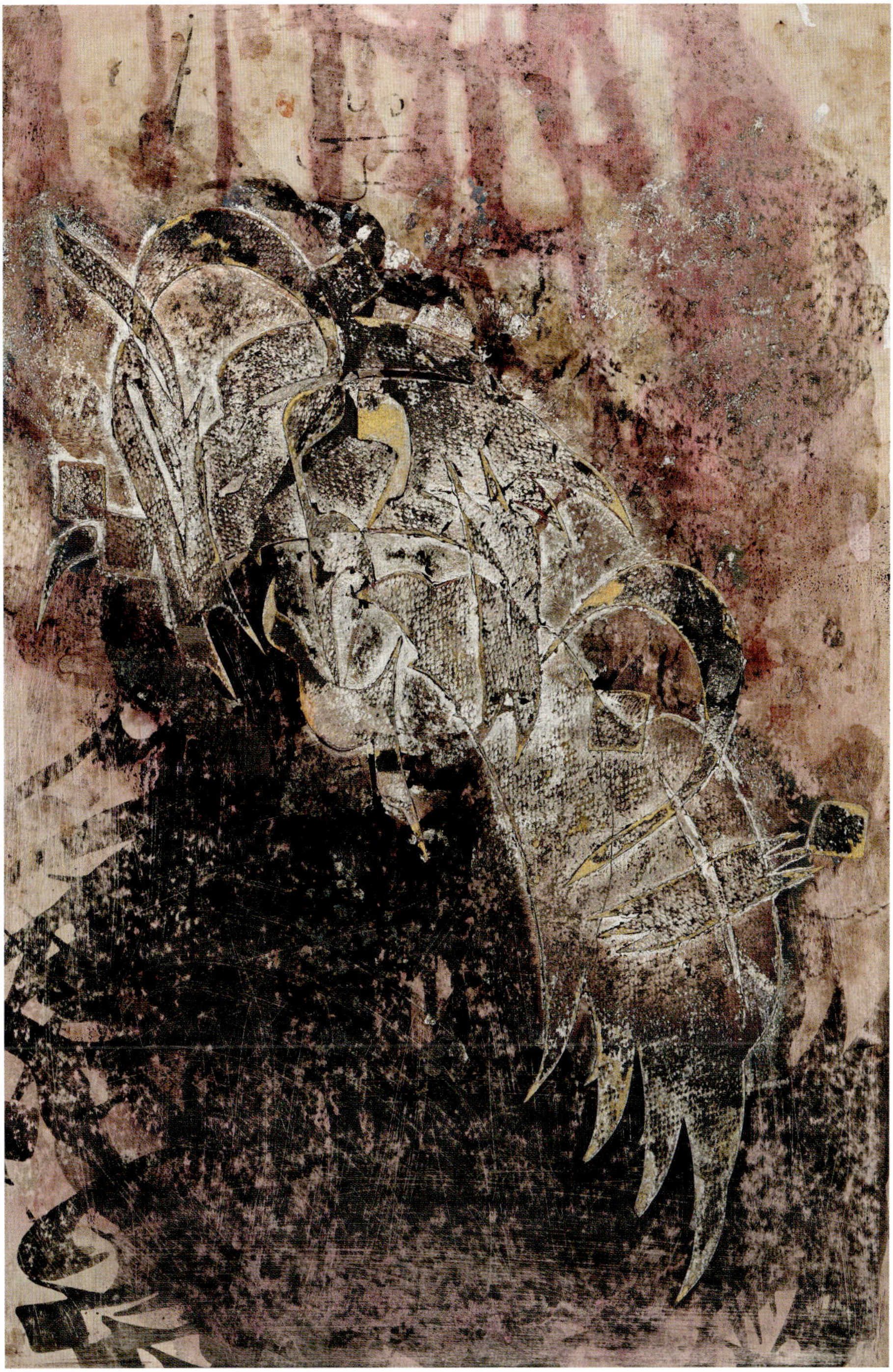

Aziz Hazara, *Noghra sorkh* [Rouge argent | Silver red],
"Vajeh ha-ye sukhtah" [Les mots brûlés | Burned words], 2010
Argent et encre sur papier wasli | Silver and ink on wasli paper
53 × 41 cm Collection particulière

américain promettait aux Pakistanais de les aider à récupérer leur terre, sous-entendu l'Afghanistan. Dans une interview, un agent de la CIA disait aux Afghans: "Avec votre sang, notre mission."

En Afghanistan, notre histoire est maintenue dans le silence comme s'il y avait un danger à l'énoncer. Au fil des guerres, nous oublions la précédente dans un tourbillon de non-sens et de démence.

En août 2018, un attentat suicide, revendiqué par l'État islamique, a tué près de quarante étudiants dans un centre d'enseignement situé dans le quartier shiite et hazara de Kaboul. La communauté hazara a alors décidé d'enterrer les victimes sur une colline – comme pour celles de Dehmazang en 2016. Le terrain choisi avait été attribué lors de la guerre civile au parti hazara. Mais après 2001, cette colline est devenue la propriété du gouvernement qui, lors des négociations de paix en 2017, la céda à un chef adverse qui obtint ainsi, depuis ce relief, le contrôle sur tout le quartier hazara se situant en contrebas. En 2018, après des luttes au Parlement et en dépit d'une violence armée, la communauté hazara a enterré ses morts à cet endroit, comme pour se réapproprier cette terre. Dans une installation vidéo, je rends hommage à ces victimes et donne à voir la colline où elles reposent.

I started with calligraphy. The Koran is the transcription of God's word and the person who writes its words is performing a pious act. The divine words must not be soiled or degraded. That is why ablutions must be performed before calligraphy. The calligraphies are made on wasli paper, which has always been handmade since Mongol times, and which preserves the miniatures and calligraphies from the effects of time. I gradually came to feel that the meaning of the words I was writing did not resonate with the present world surrounding me. The sacredness of the exercise was tarnished. From this point, there was a rupture: my letters were fragmented, the words dispossessed, the meaning burned. I made a whole series of calligraphies that I titled Vajeh ha-ye sukhtah *[The Burned Words]. For some years I have been compiling the condemnations expressed by politicians both Afghan and international on the occasion of each new terrorist attack. There are thousands of them, empty of meaning because they have no effect and are repeated like a clichéd litany. I made this into an installation called* Wall of Condemnations.

As a child I wasn't afraid, despite all the things that were going on around me. I felt as if anything was possible. I felt free. Today, I am overcome with fear. I take countless images and memories from the lightness of childhood. I like to get images to dialogue, more than words, which seem to have failed, in the attempt to tell our story.

In 2001, when the Americans attacked the Taliban, Kabul was blacked out and I remember that as children we were up on the roofs admiring the shooting and its luminous trails in the night. This was the memory with which I started Dialectic. *That installation, constituted by two films, interrogates the wars in Afghanistan, the difficulty of talking about them and the effects of the plurality of viewpoints. Founded on troubling experiences and perceptions,* Dialectic *creates a resonance between film of various wars in Afghanistan reflected in a broken pane covered with the earth of my land. There is a kind of play of mirrors here.*

The film Eclipse *comprises current images of offensives by international forces against the Taliban. To the noise of the shooting is added the voice of a young man with a stammer trying to put words to the images and reciting in English a poem composed in Persian by Ahmad Shamlou in 1979 during the Iranian revolution. The Iranian poet evokes the dignity of man in the midst of chaos. The poem is recited in English because I was in Pakistan when I made this installation. This tells us that another gaze is possible – elsewhere, from a distance. For* Colors, *the other film, I collected together four to five hours of archive footage of wars between 1979 and 2001. This one has no sound. During the editing, I wasn't looking for a narrative. If there is one, it comes from the public's experience of the installation as a whole.*

There are very different ways of understanding the wars that have wounded Afghanistan. In Pakistan, I read in English writings that relate the recent history of my country and watched lots of reports. I understood the

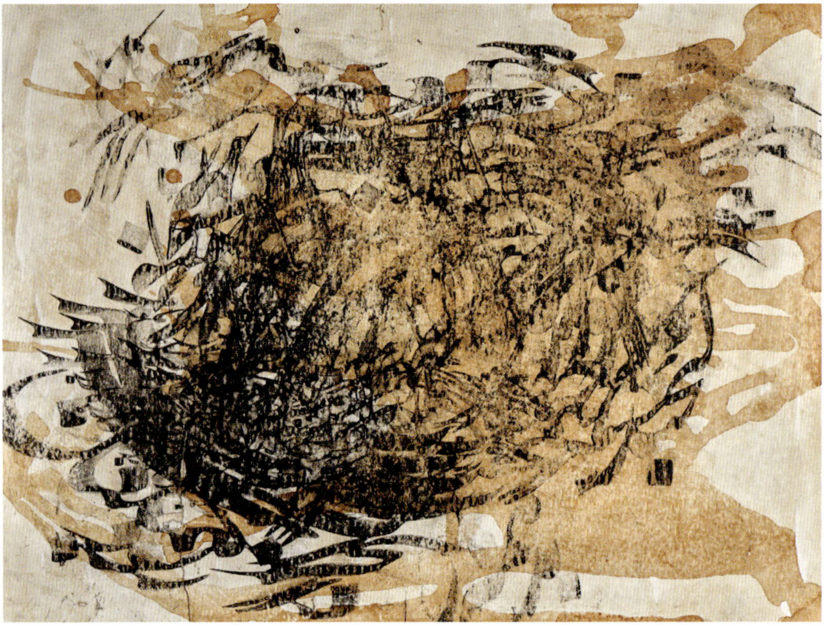

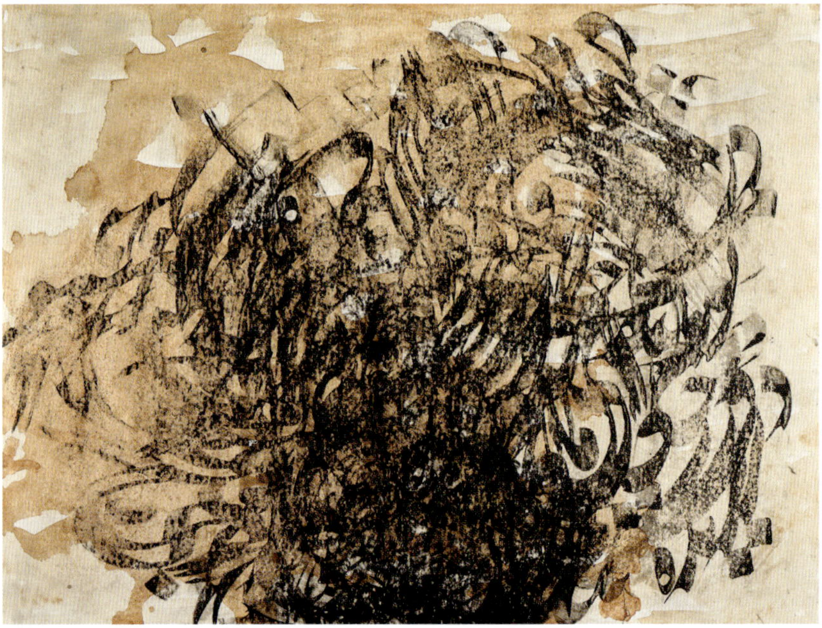

Aziz Hazara, *Nun-e siah* [Nun noir | Black Nun], "Vajeh ha-ye sukhtah" [Les mots brûlés | Burned words], 2012
Encre sur papier wasli | Ink on wasli paper
55 × 70 cm Collection particulière

Aziz Hazara, *Siah* [Noir | Black], "Vajeh ha-ye sukhtah" [Les mots brûlés | Burned words], 2012
Encre sur papier wasli | Ink on wasli paper
55 × 70 cm Collection particulière

manipulations of the foreign powers. In a video, an American general was promising the Pakistanis to help them get their land back, implicitly meaning Afghanistan. In an interview, a CIA agent was saying to Afghans, "With your blood, our mission."

In Afghanistan, our history is kept silent, as if articulating it was dangerous. With each new war we forget the last one in a whirlwind of nonsense and dementia.

In August 2018 a suicide attack claimed by Islamic State killed nearly forty students in a teaching centre in the Shiite and Hazara quarter of Kabul. The Hazara community therefore decided to bury the victims on a hill, as was done for those who died at Dehmazang in 2016. The terrain they chose is a hill that had been attributed to the Hazara party during the civil war. But after 2001, this terrain became the property of the government which, during the peace negotiations in 2017, sold it to an enemy chief who, from this hill, also had control over all of the Hazara quarter below. After heated debates in parliament, and despite armed violence, the Hazara community buried its dead in this spot, as if to reappropriate this land. In a video installation I pay tribute to the victims and show the hill where they rest.

UNE RÉVOLTE SOURDE

A
MUTED
REVOLT

Depuis le milieu des années 2000, des tensions parcourent la société afghane. Elles résultent de distorsions entre la permanence de traditions patriarcales et tribales, et des changements dus aux programmes internationaux de reconstruction qui favorisent d'autres modes de vie et de gouvernance. Elles proviennent également d'expériences élaborées durant leurs exils par des Afghans qui, retournés dans leur pays, sont décidés à refuser l'oppression. Mais des forces conservatrices, talibanes ou autres, manifestent leur hargne face à celles et ceux qui dérogent aux traditions. Dans ce contexte, certains choisissent l'exil, si dur soit-il, pour vivre loin de la peur, pour exprimer enfin une sexualité irrecevable, avec le rêve de construire, quitte à perdre un peu de son identité. D'autres restent en Afghanistan, menant une révolte sourde qui prend de nombreux visages.

Il y a d'abord la contestation silencieuse et anonyme de ceux qui utilisent les murs de la ville pour y inscrire leur opposition. Le combat des femmes se manifeste quant à lui de différentes manières. Elles luttent dans des associations, dans leur profession, ou seules, avec les moyens dont elles disposent pour préserver leurs droits, leur place dans la société et au sein de leur famille. Le pays a connu plusieurs vagues d'immolation de femmes depuis 2006, notamment à Hérat. Si ces actes de désespoir et de protestation étaient fréquents durant le gouvernement des talibans, ils n'ont pas disparu par la suite. Pour celles qui ont acquis une place dans l'espace public, l'enjeu consiste à la garder, à s'imposer contre les pressions et le discrédit qui les visent, en provoquant parfois à l'extrême, quitte à prendre le risque d'être abattues, comme l'ont été plusieurs femmes journalistes.

Farkhunda, jeune étudiante en théologie, a été tuée pour avoir contesté la parole et les pratiques manipulatrices d'un mollah. Sa mort a démontré aux yeux de tous le risque que comporte la remise en cause des croyances. Mais sa force et son audace ont déclenché une volonté collective de lutter contre les manipulations auxquelles est sujette la population, qu'elle soit lettrée ou non, et contre les violences. Farkhunda a inspiré les artistes, et la société civile est parvenue à obtenir un emplacement près du lieu du crime pour bâtir un monument national en son souvenir. Cette fois, la peur de s'affronter au sujet des croyances s'est effacée devant la nécessité de préserver une dignité.

Une révolte souterraine gronde aussi chez les Hazaras, ethnie minoritaire, cible privilégiée des talibans et de l'État islamique qui les accusent d'être des "mécréants shiites". En novembre 2015, sept passagers hazaras d'un car sont décapités par l'État islamique, ce qui donnera lieu à une des plus importantes manifestations de citoyens, toutes ethnies confondues. Le 23 juillet 2016, à Dehmazang, à Kaboul, tandis que la communauté hazara proteste par une marche pacifique, un attentat survenu au cœur du cortège fait quatre-vingt-trois morts.

Since the mid–2000s, Afghan society has been fraught with tensions. These result from the mismatch between the permanence of patriarchal and tribal traditions and the changes due to the international reconstruction programmes that are conducive to other modes of life and governance. They also come from the experience of Afghans in exile that make them, on their return to the country, determined to refuse oppression. But conservative forces, whether the Taliban or others, respond aggressively to those who swerve from tradition. As a result of this, some choose exile, however hard, in order to live away from the fear, so that they can at last express the sexuality that has no place there, and pursue the dream of building something, even if that means losing some of their identity. Others stay in Afghanistan, their muted revolt taking numerous forms.

First of all, there is the silent and anonymous contestation of those who use the city's walls to inscribe their opposition. The combat of women, too, is manifested in different ways. They fight in associations, in their profession, or alone, using whatever means they have to protect their rights and their place both in society and within their families. The country has seen several waves of self-immolation by women since 2006, notably in Herat. These acts of despair and protest were frequent under the Taliban regime, but nor did they disappear when it fell. For those who have acquired a place in public space, the issue is to keep it, to stand firm against the pressure and discredit aimed at them, sometimes taking provocation to an extreme even at the risk of being shot, as several women journalists have been.

Farkhunda, a young theology student, was killed for having contested the words and the manipulative practices of a mullah. Her death made clear to all the risks that go with calling beliefs into question. But her strength and her daring galvanised a collective determination to fight against the manipulations inflicted on the population, whether educated or otherwise, and against violence. Farkhunda inspired artists and civilians managed to obtain a plot near the scene of the crime in order to build a national monument in her memory. On this occasion, the fear of confronting beliefs was outweighed by the imperative of preserving dignity.

There is also a subterranean revolt welling up among the Hazaras, an ethnic minority who are the favourite target of the Taliban and Islamic State, who accuse them of being Shiite miscreants. In November 2015, seven Hazara passengers on a coach were beheaded by Islamic State, which gave rise to one of the biggest civil demonstrations, bringing together all ethnic groups. On 23 July 2016 at Dehmazang, Kabul, when the Hazara community were protesting peacefully, bombs set off among the marchers killed eighty-three people.

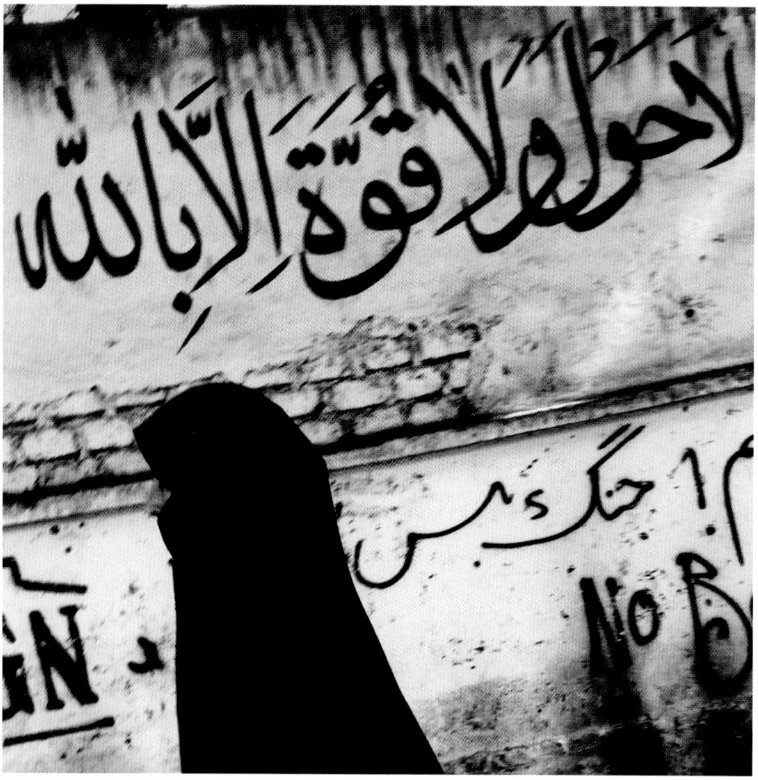

Morteza Herati, “Divar ha-ye Herat”
[Les murs de Hérat | Walls of Herat], 2015
Photographies | Photographs
Collection de l’artiste

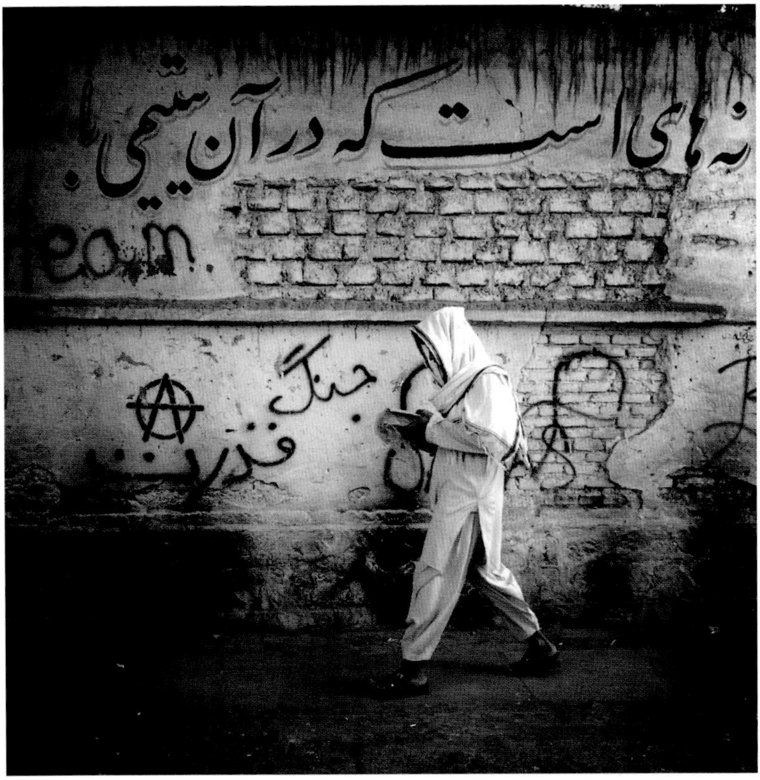
جنگ

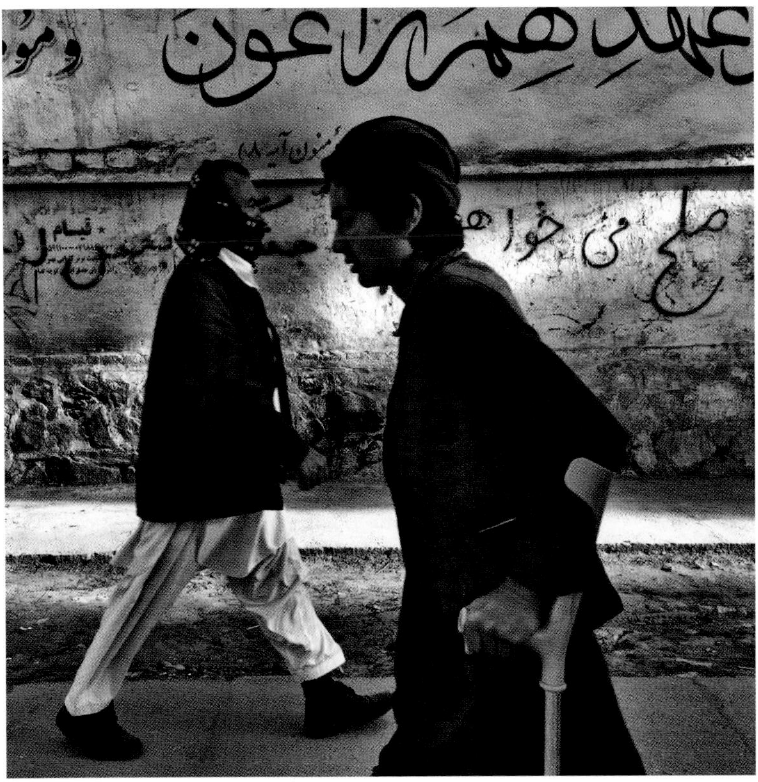
صلح

Mohsin Taasha

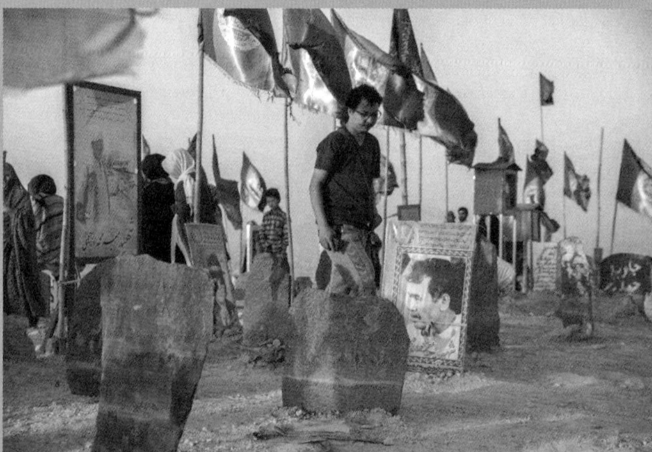

Mohsin Taasha est né en 1991 à Kaboul. À l'arrivée au pouvoir des talibans, sa famille migre au Pakistan où elle reste jusqu'en 2004. À son retour, Ostad Raahi, un des enseignants de Mohsin, lui ouvre de nouvelles perspectives : il prend des cours avec deux maîtres de la miniature, Khadem Ali et Sher Ali, et étudie la peinture aux Beaux-Arts de Kaboul. D'un tempérament fougueux, il se dégage très vite du réalisme et des règles de la miniature traditionnelle. En 2010, il remporte l'Afghanistan Contemporary Prize, participe en 2012 à la dOCUMENTA 13, avant d'aller étudier à l'université de Beaconhouse, à Lahore, au Pakistan. Il expose au Beirut Contemporary Art Fair (2013) et à la 56e Biennale de Venise (2015).

Mohsin Taasha was born in Kabul in 1991. When the Taliban came to power, his family migrated to Pakistan, where it stayed until 2004. When he came back, Ostad Raahi, one of his teachers, opened up new horizons for him. He took lessons with two master miniaturists, Khadem Ali and Sher Ali, and studied painting at the Faculty of Fine Arts in Kabul. A man of fiery temperament, he quickly moved away from realism and the rules of the traditional miniature. In 2010 he won the Afghanistan Contemporary Prize and in 2012 he took part in dOCUMENTA 13 before going to study at Beaconhouse University in Lahore, Pakistan. He exhibited at the Beirut Contemporary Art Fair in 2013 and at the 56th Venice Biennale in 2015.

Je vis seul et je travaille dans ce studio à Dasht-e Bartchi (quartier hazara de Kaboul), au calme, loin des tirs, coupé des réseaux sociaux. J'ai grandi dans ce quartier. Ici, j'ai le droit d'être vulnérable. C'était le lieu le plus sécurisé de la capitale avant 2018. Depuis, il a été attaqué et je me suis senti démuni : ma maison n'est plus intouchable.

En l'absence de soutien économique et de lieu de création, à plusieurs reprises, nous avons créé des groupes et des cercles d'artistes, qui n'ont hélas jamais duré. Nous manquons aussi d'émulation, de critiques, de lieux pour exposer et former.

Taasha est un nom d'emprunt, qui signifie "le caché" en dialecte hazara. C'est l'un des premiers noms de groupe que j'avais créés avec un ami en 2010. Nous voulions affirmer notre indépendance, aller à contre-courant, exprimer notre besoin de repli. Ce nom n'est pas sans rapport avec le Bouddha, dont les Hazaras se sentent souvent très proches. Les statues de Bouddha à Bamyan – qu'elles soient brisées ou non – sont une source profonde de spiritualité.

Notre peuple subit des violences depuis des siècles : exclusion, déportation, génocide, attentats. Le 26 juillet 2016, alors que je rejoignais le cortège d'une manifestation pacifique de Hazaras à Kaboul pour exprimer notre désaccord sur un projet d'installations de lignes à haute tension, trois vendeurs de glace sont entrés dans la foule et se sont fait exploser. Il y a eu près de quatre-vingt-trois morts, j'ai perdu des amis. J'ai accompagné l'inhumation et je suis resté veiller avec les familles sur la colline de Roshanai. À la fin de mes études en 2017, je suis retourné sur cette colline des Martyrs. Cela a donné naissance à la série Tavalod-e dobareh-ye sorkh *[La renaissance du rouge].*

Je m'éloigne fondamentalement de la tradition de la miniature avec ce travail : je ne représente pas la réalité perçue par le regard de Dieu, mais bien mon regard, celui d'un humain. J'avais travaillé une première fois le rouge dans des miniatures en 2012-2013. Je l'utilisais en tant que couleur, pour exprimer la violence et le sang. Par ces petits formats, je donnais à voir le génocide du peuple hazara. Je parle de renaissance car l'acharnement contre les Hazaras se renouvelle sans cesse et parce que, sur le plan formel, mon rouge n'est plus le même.

Plus que représenter la mort, je souhaitais affirmer une identité effacée et cachée et la réhabiliter. Sur les billets de banque que j'utilise pour un de mes tableaux (voir p. 114), il est inscrit "Afghanistan", qui signifie "pays des Afghans". Mais "Afghan" est le nom d'une tribu pachtoune. Ce billet de banque symbolise donc notre exclusion : je voulais en faire disparaître la mention.

Le tissu auquel j'emprunte le motif appelé gul-e seb *(la "fleur de pommier") est utilisé dans plusieurs régions d'Afghanistan (ceinture pour les tchapans d'homme, voile pour les femmes, balluchon...), mais on le trouve surtout dans le Hazarajat, il est associé aux Hazaras. Selon des habitants que j'ai interrogés, les talibans pendaient des hommes avec ce tissu. "Votre mort avec votre propre culture !", disaient-ils au moment de l'exécution.*

La couleur rouge, c'est le pouvoir, le réveil de ce qui veillait jusque-là à l'intérieur de moi. C'est une lumière, la mienne. Le rouge n'est plus une couleur, il est une matière. Son omniprésence et sa répétition l'associent à une méditation. Les points noirs qui forment des ombres et des cercles traduisent l'expérience du temps et le silence du recueillement.

Les corps sont pliés, en tension, ils sont vivants mais portent la mort. Ces corps voilés sont des hommes et, parmi eux, je suis là, l'artiste qui observe les scènes violentes et qui s'observe lui-même dans la création. Quand je quitte l'Afghanistan et que je me sens en sécurité, je n'ai plus rien à dire. Je suis pris de vertige. Je m'interroge sur ce qui me lie à l'histoire violente de mon pays. N'aurais-je rien à dire sans ces horreurs ?

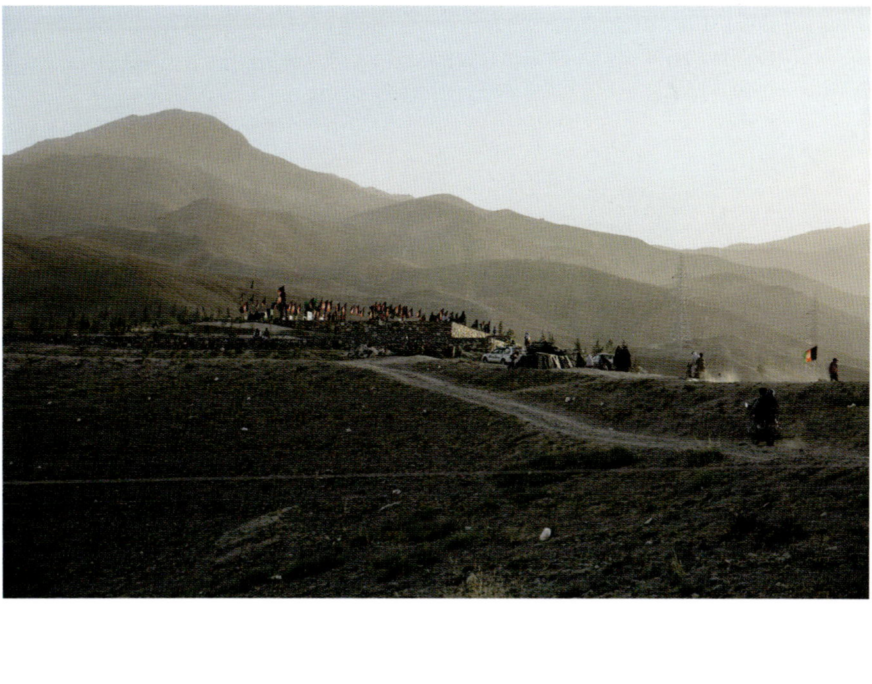

Colline des Martyrs (Roshanai)
[Hill of Martyrs (Roshanai)], 2017

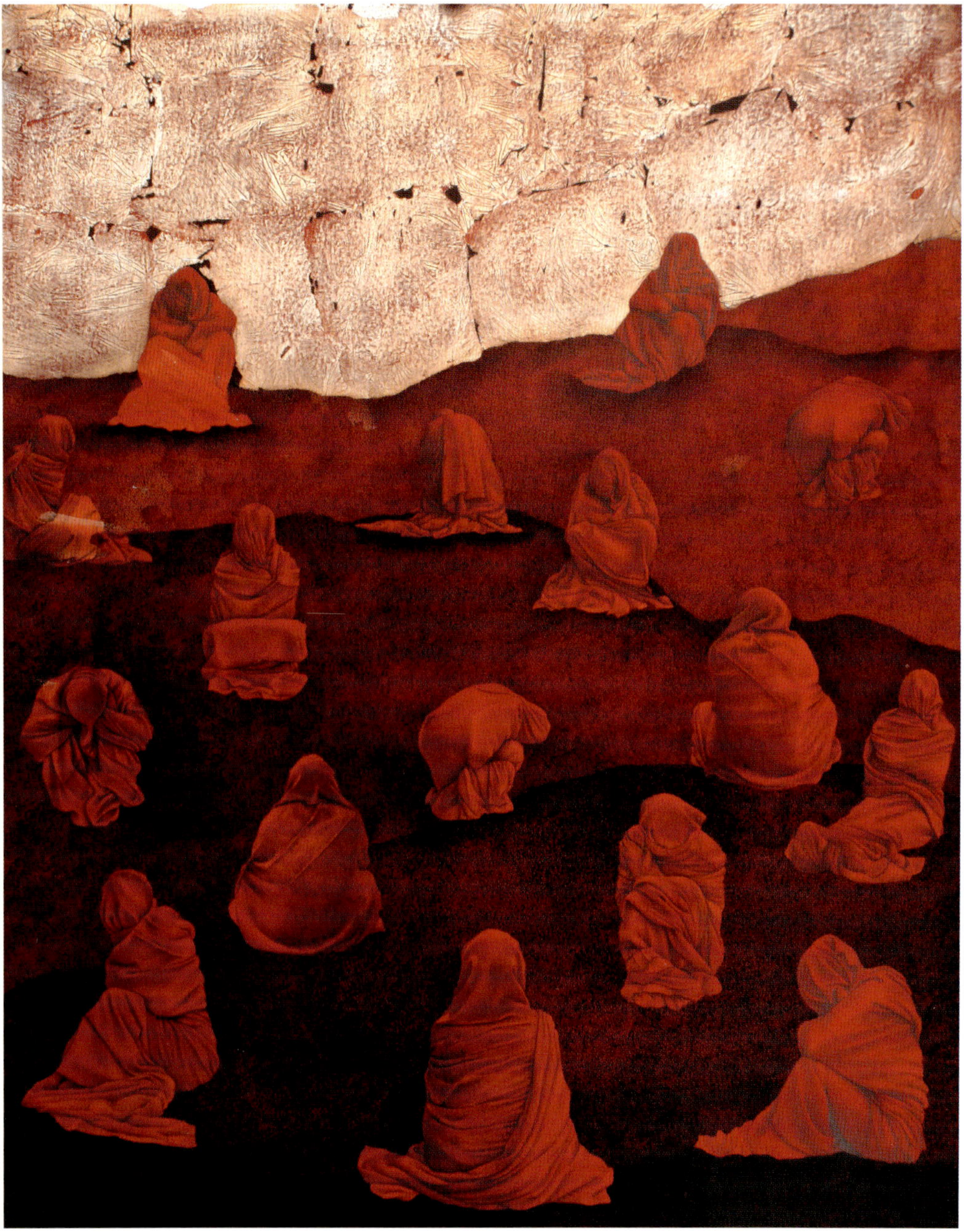

Mohsin Taasha, “Tavalod-e dobareh-ye sorkh”
[La renaissance du rouge | The rebirth of red], Kaboul, 2017
Gouache et feuilles d’argent sur papier wasli
Gouache and silver leaves on wasli paper
68 × 53 cm Collection de l’artiste

I live alone and work in this studio in Dashte Barchi (the Hazara quarter of Kabul), where it's calm, far from the shooting, cut off from social media. I grew up in this quarter. Here, I have the right to be vulnerable. It was the safest part of the capital before 2018. Since then it has been attacked and I feel at a loss: my house is no longer untouchable.

In the absence of economic support and a place to make art, we have on several occasions created groups and circles of artists, which sadly never lasted. We also lack an environment for emulation, critics, places to exhibit and teach.

Taasha is my pseudonym. It means "the hidden" in Hazara dialect. It is one of the first group names I created with a friend in 2010. We wanted to affirm our independence, to go against the current, to express our need for distance. This name, "the hidden," is not unrelated to Buddha, to whom the Hazara often feel very close. The statues of Buddha at Bamiyan – shattered or not – are a deep source of spirituality.

Our people has been suffering violence for centuries: exclusion, deportation, genocide, terrorism. On 26 July 2016, when I was joining a peaceful Hazara demonstration in Kabul held to express our objection to plans to install high-tension lines, three ice-cream vendors mingled with the crowd and blew themselves up. About eighty-three people died. I lost friends. I attended the burial and I stayed for the vigil with the families on Roshanai Hill. After finishing my studies in 2017 I went back to this "Hill of Martyrs." That was the starting point for the series Tavalod-e dobareh-ye sorkh [The rebirth of red].

In this work I make a fundamental break with the tradition of the miniature: I am not representing the reality perceived by the gaze of God but my own gaze, that of a human being. I first worked with red in miniatures in 2012–13. I used it as a colour, to express violence and blood. In these small-format works I was showing the genocide of the Hazara people. I speak of a rebirth because the persecution of the Hazara is constantly reviving and because, in formal terms, my red is not the same as it was.

Rather than representing death, I wanted to affirm an erased and hidden identity and rehabilitate it. On the banknotes that I use in one of my pictures *(see p. 114)**, there is the word "Afghanistan," which means "land of the Afghans." But "Afghan" is the name of a Pashtun tribe. This banknote therefore symbolises our exclusion. I wanted to make that reference disappear.*

The fabric from which I take the so-called gul-e seb *(apple blossom) motif is used in several regions of Afghanistan (as a belt for men's chapans, a veil for women, bundles, etc.) but it is found above all in Hazarajat. It is associated with the Hazaras. According to the inhabitants I spoke to, the Taliban used to hang men with this fabric. "Your death with your own culture!" they said at the moment of execution.*

The colour red signifies power, the awakening of what, up to now, had been waiting inside me. It is a light, my light. Red is no longer a colour, it is matter. Its omnipresence and its repetition associate it with meditation. The black dots that form shadows and circles convey the experience of time and the silence of contemplation.

The bodies are folded, tense; they are alive but carry death. These veiled bodies are men and I am among them, an artist observing violent scenes and observing himself in creation. When I leave Afghanistan and feel safe, I have nothing more to say. I feel dizzy. I wonder about what ties me to my country's violent history. Without these horrors, have I nothing to say?

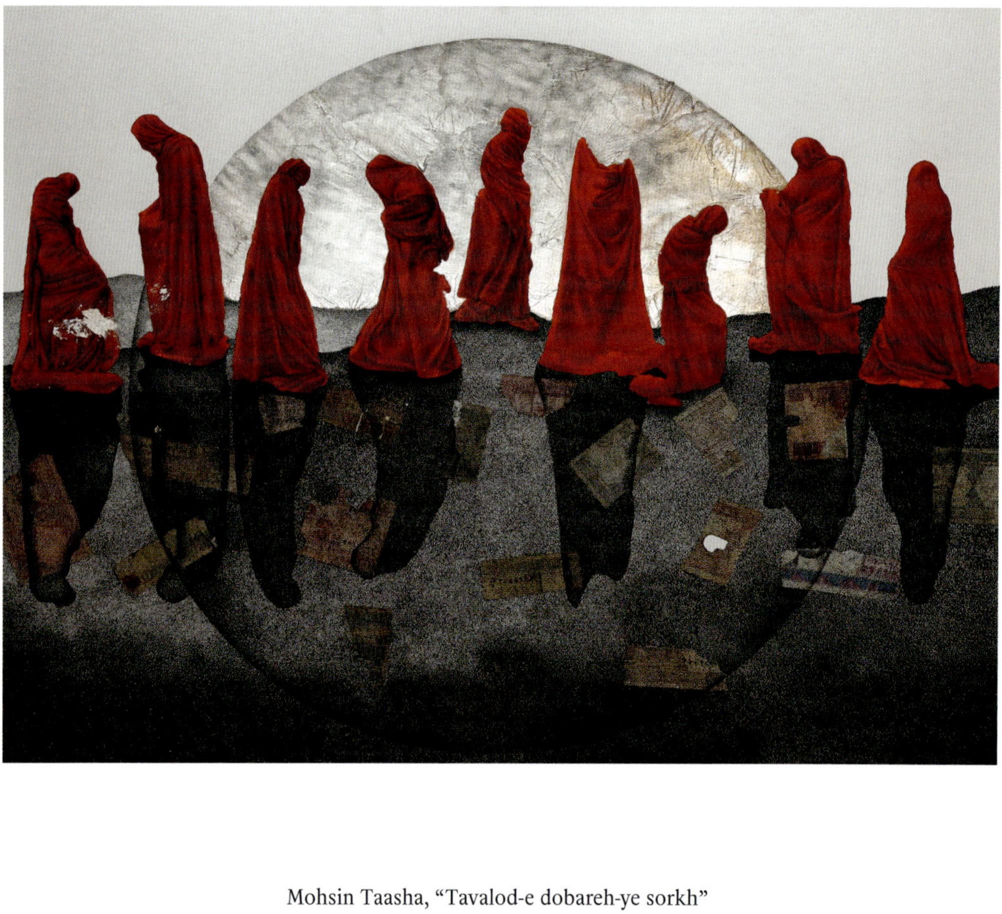

Mohsin Taasha, "Tavalod-e dobareh-ye sorkh"
[La renaissance du rouge | The rebirth of red], Kaboul, 2017
Gouache, billets de banque et feuilles d'argent sur papier wasli
Gouache, banknotes and silver sheets on wasli paper
55 × 70 cm Collection de l'artiste

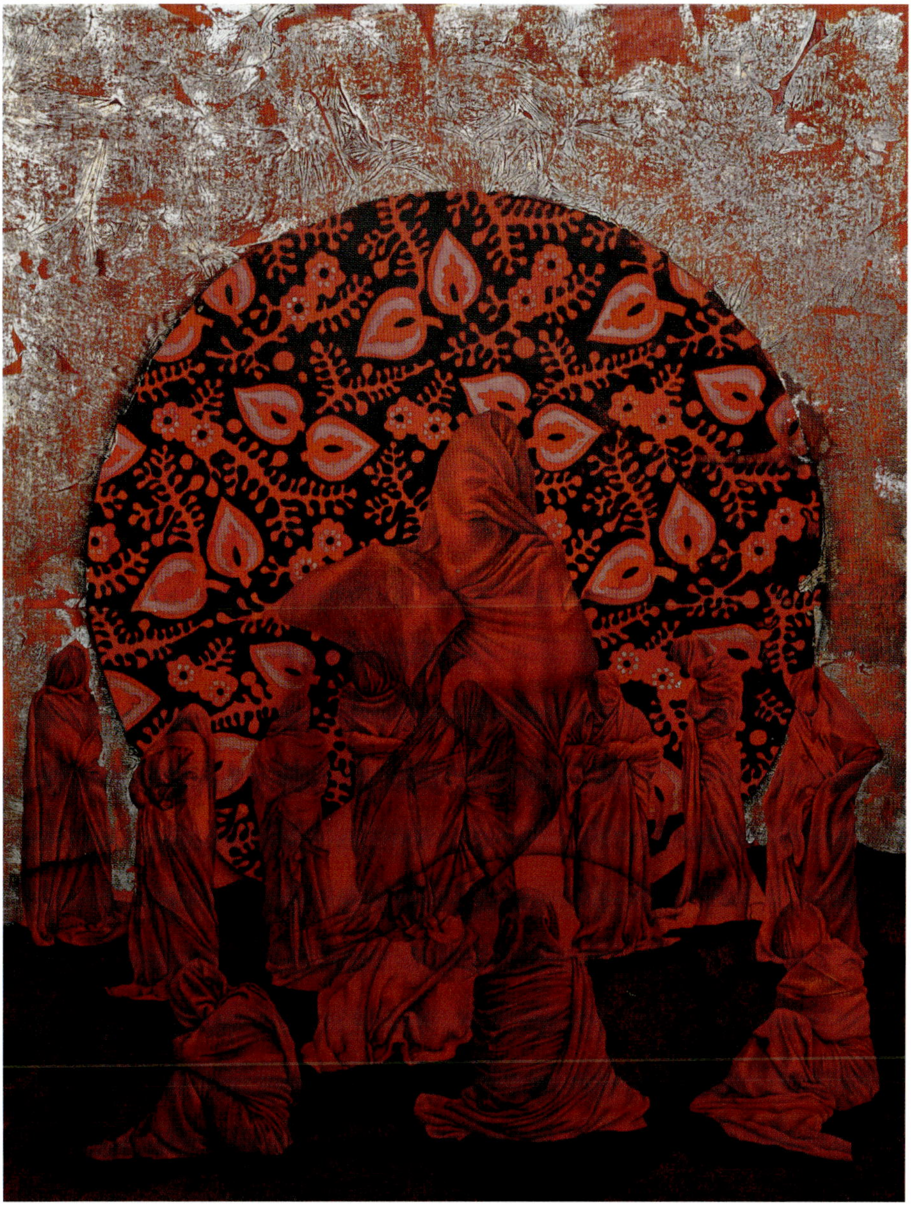

Mohsin Taasha, “Tavalod-e dobareh-ye sorkh”
[La renaissance du rouge | The rebirth of red], Kaboul, 2017
Gouache, feutre et feuilles d’argent sur papier wasli
Gouache, felt pen and silver leaves on wasli paper
68 × 53 cm   Collection de l’artiste

Farzana Wahidy

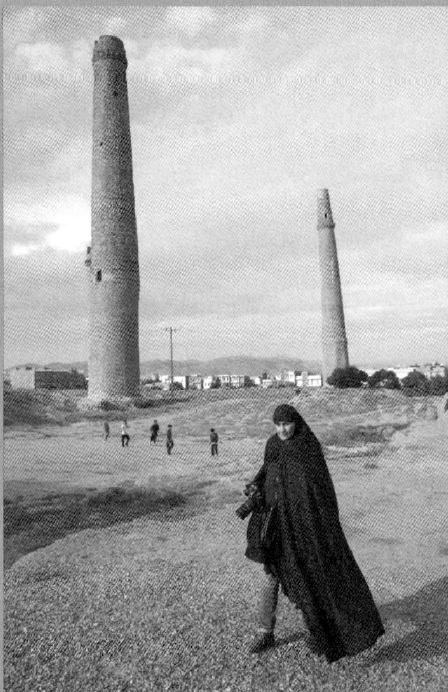

Farzana Wahidy est née à Kandahar en 1984. Elle poursuit sa scolarité jusqu'à ce que, sous les talibans, sa famille s'installe en Kapisa, région dont elle est originaire. Son père décide ensuite de revenir dans la capitale où les soins sont plus accessibles et l'éducation, en secret, encore possible. Ainsi, jeune adolescente, elle suit des cours, transporte ses affaires d'école sous son *tchadri* et se déplace discrètement. Elle observe derrière la grille de cet habit traditionnel la vie "de l'extérieur": la terreur organisée, les injustices et les évolutions de la société. Après la chute des talibans, les écoles ouvrent enfin leurs portes aux filles et des programmes de formation se mettent en place. Elle s'inscrit à Aïna, une école de photojournalisme créée à Kaboul par le photographe Reza en 2001, pour raconter tout ce qu'elle a observé en silence. Elle choisit les femmes comme sujet de prédilection, jusque-là photographiées principalement par des étrangers et des hommes. Elle travaille pour l'Agence France Presse (AFP) et Associated Press (AP). En 2009, elle intègre une formation de photojournalisme au Canada au Loyalist College en Ontario. À son retour à Kaboul en 2011, elle mène ses propres projets et enseigne le photojournalisme, notamment dans les provinces lorsque c'est possible. Elle a ouvert un studio et dirige depuis 2016 l'Association des photographes afghans (APA). Elle travaille depuis 2017 sur un projet qui réunit cent portraits de femmes afghanes vivant en Afghanistan ou sur leur terre d'exil.

Farzana Wahidy was born in Kandahar in 1984. Her education continued until her family moved to its home region of Kapisa with the coming of the Taliban regime. Her father subsequently decided to return to the capital where healthcare was more accessible and education still possible, albeit in secret. As a young teenager she moved discreetly, carrying the books for school under her *chadaree*. From behind the mesh of that traditional garment she observed life "outside": organised terror, injustice and social developments. After the fall of the Taliban, the schools at last opened their doors to girls and teaching programmes were set up. She enrolled at Aïna, a photojournalism school created in Kabul by the photographer Reza in 2001, in order to be able to relate what she had observed in silence. In her work she chose to concentrate on women, who before then had been photographed mainly by foreigners and by men. She worked for Agence France Presse (AFP) and Associated Press (AP). In 2009 she enrolled at Loyalist College, Ontario (Canada) to study photojournalism. Returning to Kabul I 2011, she followed up her own projects and taught photojournalism, especially, when possible, in the provinces. She opened a studio and since 2016 has been director of the Afghanistan Photographers Association. In 2017 she started working on a project to assemble portraits of a hundred Afghan women, either living in Afghanistan or in exile.

J'aime prendre le temps de rencontrer chacune des femmes que je photographie. Elles peuvent parfois parler facilement, elles sont souvent secrètes et pudiques mais, dans notre rencontre, chacune révèle plus ouvertement son intimité. J'ai eu envie d'abord de rendre compte de leurs souffrances, de leurs conditions de vie puis, progressivement, je les ai photographiées dans leur quotidien, au travail, dans la rue, chez elles. Je les ai suivies dans la durée, sur plusieurs mois voire plusieurs années. Le tchadri *a incarné l'oppression, devenant même "la femme afghane" en occultant tout ce que les femmes pouvaient être en réalité. J'ai moi-même photographié des femmes en* tchadri *à mes débuts pour l'AFP ou pour AP, mais aujourd'hui je veux que chacune d'elles, sans cet habit, puisse se reconnaître dans mes photos. C'est ma plus belle récompense. Je ne suis pas une militante féministe, je suis une femme qui observe des femmes. Je veux dire qui elles sont, rappeler leurs droits pour que celles qui ne les connaissent pas puissent s'en saisir. Je parle du droit d'étudier, de sortir, de travailler, de parler, de croire, d'aimer, du droit d'être elles-mêmes. Il y a du changement et la société a accepté de reconnaître certains de ces droits.*

Mon lieu de travail est Kaboul, que j'ai vu changer et souffrir. Chaque coin de cette ville est plein de scènes horribles, mais je l'aime et je m'y sens chez moi. Il y a des lieux qui restent difficiles pour moi, comme le carrefour de Massoud. À l'époque des talibans, j'étais à peine adolescente quand je l'ai traversé avec ma mère. Ils m'ont frappée car je ne portais pas de tchadri, *mais un voile. Il y a aussi le quartier où Farkhunda s'est fait lyncher par la foule.*

J'aime voyager pour aller à la rencontre des Afghanes, si différentes suivant les régions. Prudente et discrète à Kandahar, je porte le tchadri, *à Djalalabad, je mets un long tchapan noir et, à Hérat, je porte un* tchador *de prière. Depuis quelques années, je ne me couvre même plus la tête à Kaboul quand je sors faire mes courses, prendre un café ou voir des amis. Je porte le voile uniquement en dehors du cadre personnel, pour le travail, parce que je ne veux pas que cela perturbe les regards et pour rester au plus près de mon sujet.*

À la chute des talibans, tout nous a semblé possible, surtout pour nous, les femmes. Nous pouvions enfin sortir dans la rue, travailler, étudier. Aujourd'hui, malgré les regards, je me sens plus libre, incontestablement. Mais notre place dans l'espace public n'est pourtant pas acceptée par tous et le harcèlement continue. En juin en 2018, les talibans ont annoncé une trêve de trois jours. Ils ont circulé librement à Kaboul. Beaucoup d'habitants sont restés chez eux, terrorisés. Mais je suis sortie pour affirmer mon existence, j'avais besoin de ça, je ne sais pourquoi… Il est question qu'ils reviennent au pouvoir. Cela me fait peur. Je ne sais pas ce qu'il adviendra de tout ce que nous avons construit et acquis.

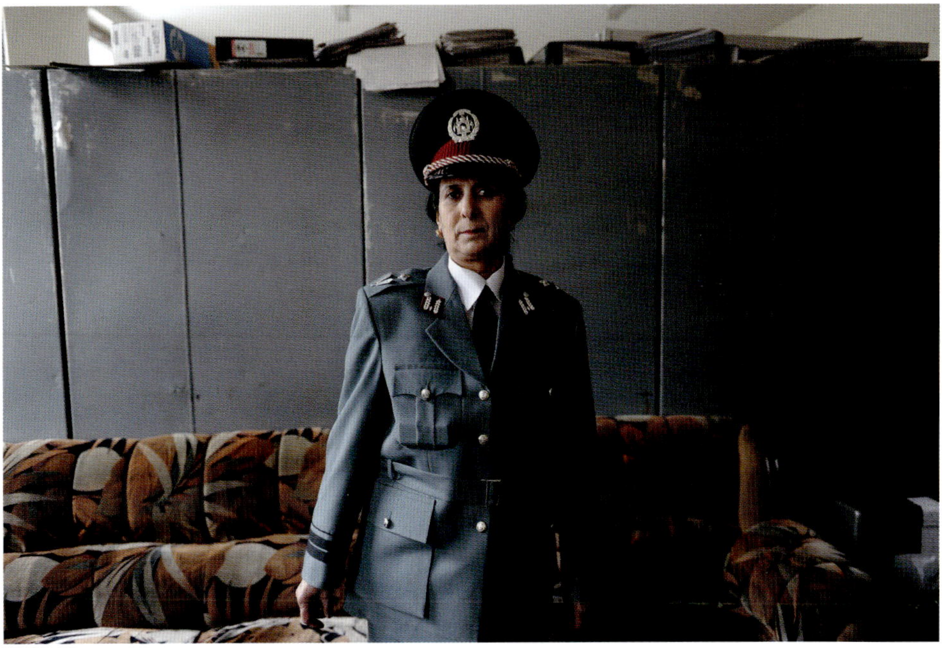

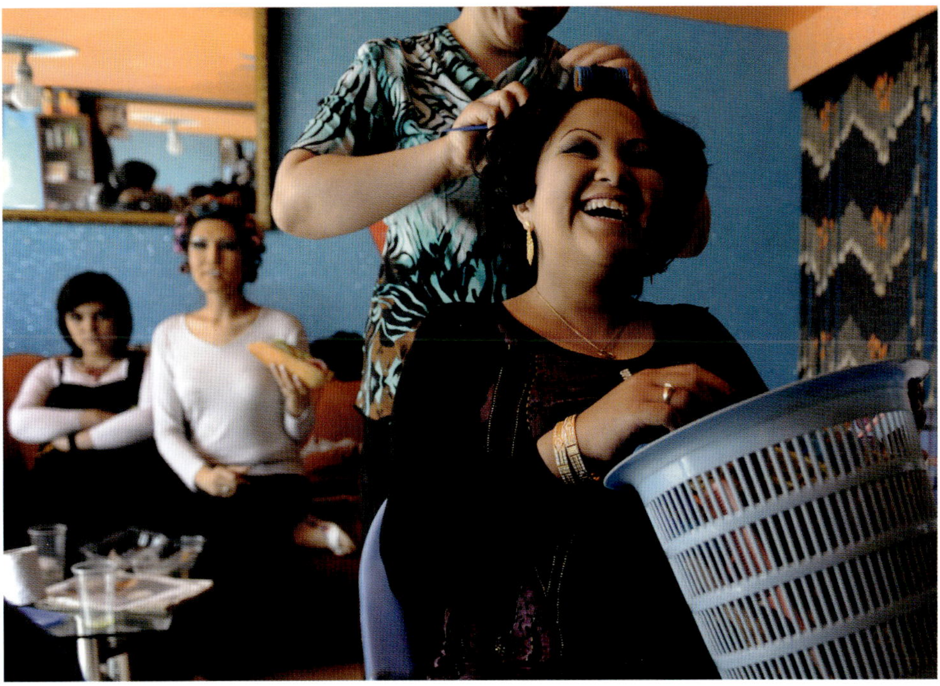

Farzana Wahidy,
Police Woman [Policière], 2010
Photographie | Photograph
Collection de l'artiste

Farzana Wahidy, *Laugh* [Rire], 2011
Photographie | Photograph
Collection de l'artiste

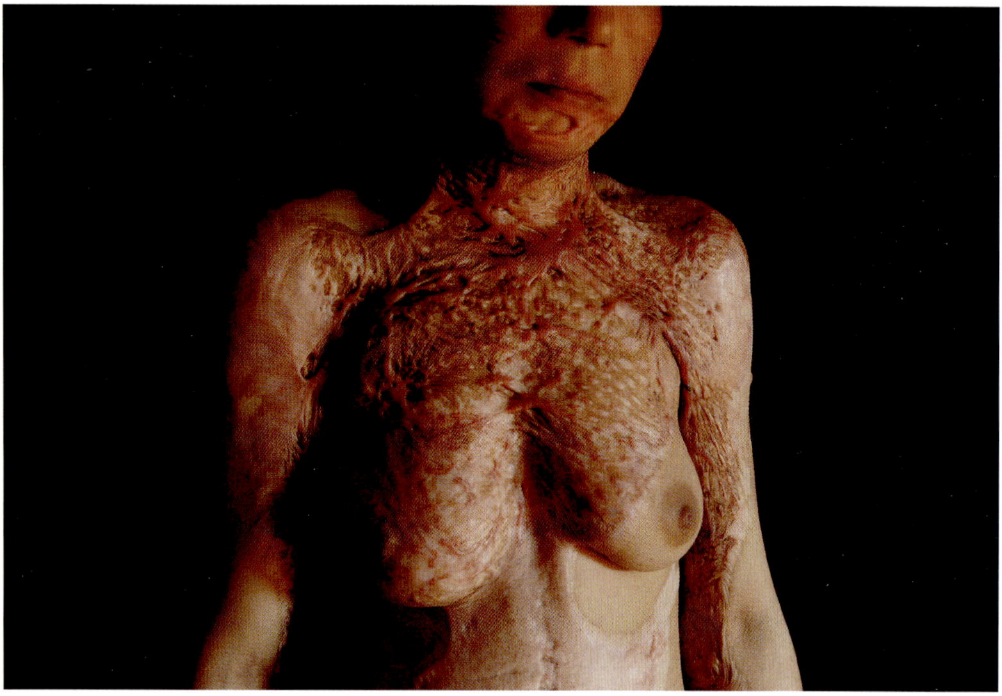

Farzana Wahidy,
Protest [Protester], Hérat, 2008
Photographie | Photograph
Collection de l'artiste

I like to take the time to meet each of the women I photograph. Sometimes they talk very freely but often they are secretive and reserved. When we meet, though, they do open up more about their personal life. I started out wanting to show their suffering and their living conditions but then, gradually, I started photographing them in the pursuit of their everyday life – at work, in the street or at home. I followed them for long periods, over several months or even years. The chadaree *has symbolised oppression. It even became the image of "the Afghan woman," hiding all the things that women could be in real life. I myself photographed women wearing the* chadaree *in my early days working for AFP and AP, but today I want each one of them to be able to identify with my photos, not wearing this garment. That is my greatest reward. I am not a militant feminist, I am a woman who observes other women. I mean, who they are. I want to recall their rights so that the women who are not aware of them can assert them for themselves. I speak of the right to study, to go out, to work, to speak, to believe, to love, of the right to be themselves. Things are changing and society has agreed to recognise some of these rights.*

My place of work is Kabul, which I have seen change and suffer. Every corner of this city is packed with horrible scenes but I love Kabul and I feel at home here. There are places that I still find difficult, like the Massoud crossroads. I was barely an adolescent when I crossed it with my mother, in the time of the Taliban. They beat me because I wasn't searing a chadaree, *only a veil. There's also the neighbourhood where Farkhunda was lynched by the crowd.*

I love to travel, to go and talk to Afghan women who differ so much from one region to another. Prudent and discreet in Kandahar, I wear the chadaree; *in Djalalabad I put on a long black chapan, and in Herat I wear a prayer* chador. *For some years now I have not even been covering my head in Kabul when I go out to do the shopping, take a coffee or see friends. I wear the veil when I leave my personal world, for work, because I don't want to perturb people's gazes, and in order to get as close as I can to my subject.*

When the Taliban fell, everything seemed possible, especially for us women. We could at last go out into public space, we could work and study. Today, in spite of all the looks, I definitely feel freer. Still, our place in public space is not accepted by everyone and the harassment continues. In June 2018 the Taliban announced a three-day truce. They moved freely around Kabul. Many inhabitants stayed at home. They were terrified. But I went out to affirm my existence, I needed it, though I don't know why. People say they may come back to power. That frightens me. I don't know what will happen to all the things we have built and acquired.

Latif Eshraq

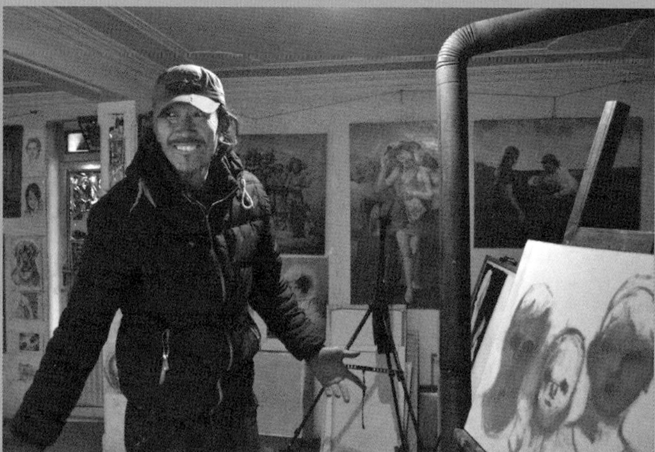

Latif Eshraq est né à Ghazni en 1970. En 1986, durant la guerre contre les Soviétiques, il part seul en Iran, travaille dans le bâtiment le jour et peint le soir. Il loge avec d'autres migrants afghans, qu'il retrouve au moment du dîner pour partager récits, poèmes et contes. Il rencontre quelques maîtres iraniens, auprès de qui il travaille la couleur et les techniques d'une peinture réaliste. Tandis qu'en Afghanistan les talibans prennent le pouvoir, il quitte l'Iran et part au Koweït pour obtenir des papiers. Les conditions de travail y sont encore plus rudes, il décide donc de ne plus vivre que de sa peinture. Pour recevoir des commandes, il publie une annonce illustrée d'une peinture très orientaliste dans un journal. Il réalise alors des portraits et d'immenses fresques pour les familles aisées du pays, fascinées par cet orientalisme. Il gagne bien sa vie, mais n'obtient toujours pas de papiers. Il rentre en Afghanistan, dans sa région à Jaghuri en 2006. Il est instituteur pendant quatre ans et organise des expositions dans les écoles de sa province. Toiles attachées à son vélo, il va de village en village. En 2010, il s'installe à Kaboul avec sa famille et ouvre un atelier à Dasht-e Bartchi. Les jours pairs, il enseigne, et les jours impairs, il peint.

Latif Eshraq was born in Ghazni in 1970. In 1986, during the war against the Soviets, he left on his own for Iran, worked on building sites by day and painted at night. He lived with other Afghan migrants, meeting them around dinner to share stories, poems and tales. He also met several Iranian masters with whom he worked on colour and the techniques of realist painting.
When the Taliban came to power in Afghanistan he left Iran for Kuwait in order to apply for papers. The working conditions there were even harsher, and so he decided that henceforth he would live solely from his painting. In order to attract orders, he published an advertisement in a newspaper illustrated by a very orientalist painting. He now began producing portraits and huge frescoes for the country's wealthy families, who were fascinated by this orientalism. He made a good living, but still hadn't obtained his papers. In 2006 he returned to his home region of Jaghori in Afghanistan. He spent four years working as a junior schoolteacher and organising exhibitions in schools around the province, going from village to village with the canvases strapped to his bike. In 2010 he moved to Kabul with his family and opened a studio in Dashte Barchi. On even days he teaches; on odd days, he paints.

Mon atelier se trouve au dernier étage d'un bâtiment commercial. Les enfants viennent et dessinent. Je ne donne pas de leçons, je les oriente. Je ne parle pas beaucoup et je peux être dur. Sur les murs, j'ai affiché des études et des toiles que j'ai réalisées à différentes époques, comme celle qui figurait dans l'annonce du journal parue au Koweït. Le visage de la femme n'apparaissait pas, seules ses mains étaient données à voir pour respecter les règles de représentation en terre d'islam, au moins dans l'espace public. Les portraits sont en revanche très prisés dans les intérieurs privés. Longtemps, je n'ai peint que des toiles réalistes très colorées puis, dans les années 2000, mon réalisme s'est assombri et progressivement ma peinture est devenue abstraite et mes toiles immenses. J'aimerais qu'elles atteignent la taille humaine pour y entrer. Parfois d'autres artistes viennent me voir et on discute de l'actualité, de l'évolution des travaux de chacun. Comme je sors peu de mon atelier et que je ne me sers pas d'Internet, ils me racontent.

Les contes sont très présents dans ma région, ils s'inspirent des traditions, des mythes, de la religion, et contribuent à l'éducation des enfants de familles souvent illettrées. Ils mettent en scène des créatures surnaturelles, comme des monstres et des div *alimentant la peur pour maintenir les enfants dans le droit chemin de la religion. Leur impact moralisateur est très fort et leurs effets durent longtemps. Enfant, un vieillard à la barbe blanche m'a demandé un jour de porter ses affaires, j'ai refusé ne pouvant m'attarder et, plus loin sur le chemin, j'ai été saisi de peur – pas de remords – pour ne pas l'avoir aidé. Je me suis dit qu'il était peut-être l'Imam du Temps, l'une des plus importantes figures de l'islam shiite, et que je périrai en enfer. La culpabilité de ne pas l'avoir aidé m'a rongé pendant des années.*

Une histoire racontée quand j'étais adolescent m'a poursuivi durant vingt-cinq ans. Lorsque j'ai peint Donbal *[La poursuite], j'ai pu enfin m'affranchir de la culpabilité qu'elle avait déposée en moi.*

"Un homme vient d'enterrer l'une des siens, une femme aux mœurs légères. Suivant la coutume, celui qui enterre un mort doit revenir avant l'aube pour veiller sa tombe et allumer un feu. Mais à son arrivée, le corps repose nu sur la terre, hors de la tombe. Surpris, il enterre à nouveau le corps pour lui rendre sa dignité. Quand il revient à l'aube, la même scène se reproduit une deuxième fois, puis une troisième. L'homme décide alors de se cacher et, muni d'une arme, de découvrir qui déterre ce corps. Il aperçoit alors une créature immense, un div*, sortir de la pénombre. Pris d'effroi, il tire sur la créature, mais le coup ne part pas. Le bruit étouffé du déclencheur attire l'attention du* div *qui se précipite sur lui. Une poursuite s'engage. L'homme s'enfuit à travers la campagne. Il se réfugie dans une cabane où est rangé le blé. Il prend soin de fermer toutes les issues et il entend le* div*, qui porte avec lui la femme nue et cherche à entrer. Avec rage il monte sur le toit, fait glisser le cadavre par une ouverture et le balance avant de le jeter près de l'homme. Celui-ci s'évanouit. À son réveil, le corps de la femme est à ses côtés."*

Tout homme qui s'approche d'une femme dont on juge qu'elle a des mœurs légères, ou qui laisse libre cours à son désir, est puni. Le désir est coupable. Seuls le temps et les études m'ont permis de comprendre que mon désir n'était pas condamnable.

À la suite de la prise d'otages durant l'automne 2015 des passagers du bus par l'État islamique, les sept passagers hazaras ont été décapités, tandis que les autres ont été libérés. Parmi les Hazaras, il y avait des enfants, dont Tabassom, une fille de neuf ans. Je ne comprends pas comment, au nom de Dieu, on peut trancher la tête d'un enfant. La toile que j'ai peinte exprime ma révolte contre ces têtes tranchées. Au centre apparaît ce meurtre. Tabassom porte un voile rouge et est habillée de blanc. Cette toile porte son nom, qui signifie "sourire". Puis il y a eu Farkhunda, une jeune femme déshabillée et lynchée par des hommes ivres d'ignorance et de violence. Ils l'ont tuée au nom de Dieu et des croyances dont ils sont captifs. Ils emmènent des innocents dans leur tourbillon sinistre et souillent notre société. Farkhunda est nue au centre de cette autre toile, elle est la vérité.

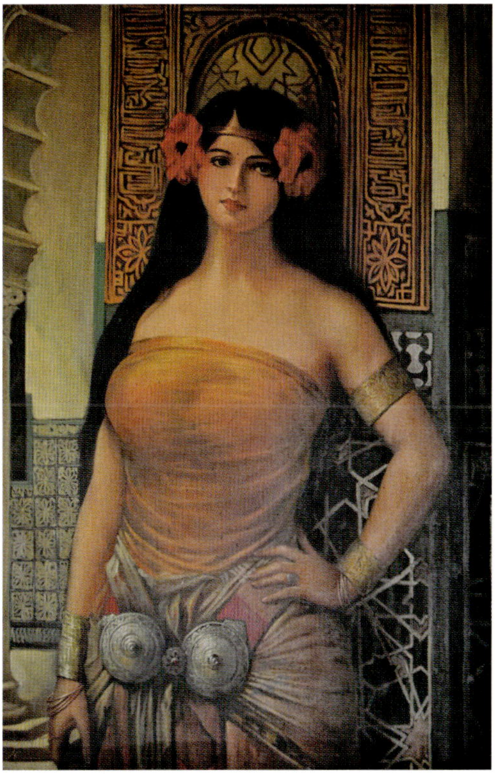

Latif Eshraq, Étude de 2009, d'après [Study of 2009, according to],
Léon-François Comerre, *L'Odalisque au tambourin*
[Odalisque with a tambourine], 1890-1900
Huile sur toile | Oil on canvas
80 × 118 cm Collection de l'artiste

My studio is on the top floor of a commercial building. Children come and draw there. I don't give them lessons, I guide them. I don't say much and I can be hard. On the walls I have put up studies and canvases that I made at different times, like the one that appeared in the newspaper advertisement published in Kuwait. The woman's face is not visible, we see only her hands, in keeping with the rules on representation in Islamic lands, or at least in public space. The portraits, however, are highly prized in private interiors. For a long time I painted only highly colourful realist canvases then, in the 2000s, my realism grew darker and my painting gradually turned abstract and my canvases immense. I would like them to reach human size so that you could enter into them. Sometimes other artists come to see me and we talk about events and the way our work is developing. As I don't often leave my studio and don't use the Internet, they tell me all about what's going on.

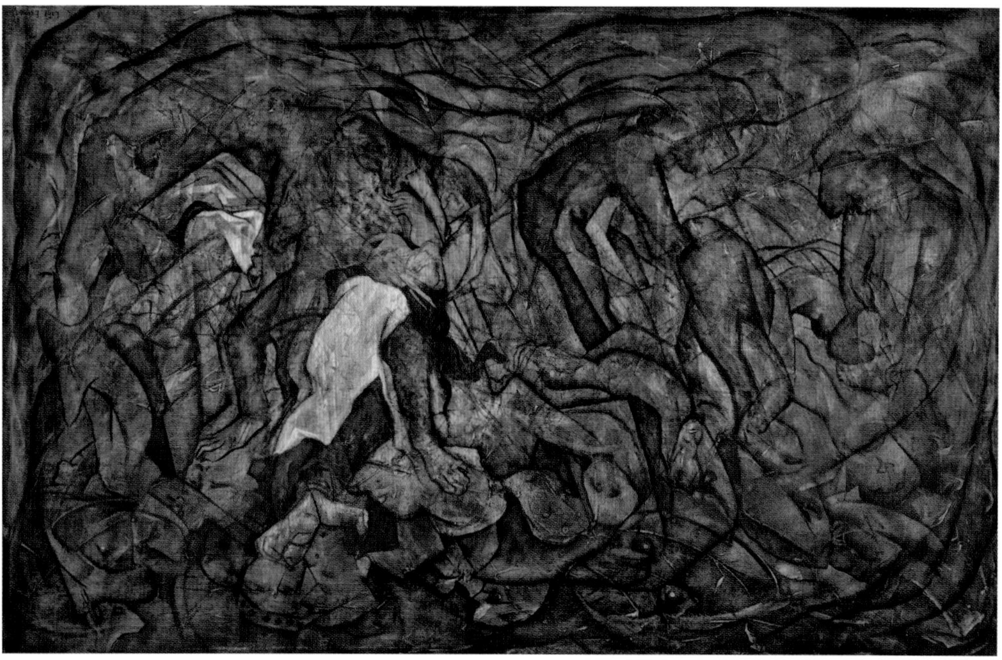

Latif Eshraq, *Tabassom*, Kaboul, 2017
Huile sur toile | Oil on canvas
120 × 185 cm Collection de l'artiste

Tableau inspiré du massacre de sept civils hazaras et shiites en novembre 2016 à la suite d'une prise d'otages revendiquée par l'État islamique.

Painting inspired by the massacre of seven Hazaras and Shiite civilians in November, 2016, claimed by the Islamic State.

Tales have a strong presence in my region. They draw on traditions, myths and religion and are part of the education of children in families that are often illiterate. They evoke supernatural creatures such as monsters and div *and strike fear into children so as to keep them on the straight and narrow path of religion. Their moralising impact is very strong and their effects are long-lasting. One day, when I was a child, an old man with a white beard asked me to carry his things and I refused because I couldn't delay. Further along the path, I was overcome with fear – not remorse – for not having helped him. I thought that he might be the Imam of Time, one of the most important figures in Shiite Islam, and that I would perish in hell. Guilt at not having helped him gnawed away at me for years.*

A story I was told as a teenager stayed with me for twenty-five years. When I paint Donbâl *[The Pursuit] I was at last able to throw off the guilt that it implanted in me:*

"A man comes to bury a member of his family, a woman of easy morals. In keeping with custom, the person who buries a dead person must come back before dawn to watch over the tomb and light a fire. But when he gets there the body is lying naked on the ground, outside the tomb. Surprised, he buries the body again in order to restore its dignity. When he comes back at dawn, the same scene recurs a second time, then a third. The man decides to hide, armed, to find out who is digging up the body. He sees an immense creature, a div, *loom out of the half-light. Overcome with fear, he shoots at the creature, but the gun doesn't go off. The muffled noise of the trigger alerts the* div, *which charges at him, leading to a chase. The man runs away through the countryside. He hides in a cabin where wheat is stored. He carefully closes all the openings and hears the* div, *who is carrying the naked woman with him and is trying to get in. In a rage, he climbs up onto the roof, slides the corpse through an opening and swings it before throwing it down near the man, who faints. When he wakes up, the woman's body is by his side."*

Every man who comes close to a woman deemed to be of dubious morals, or who gives his desire free rein, is punished. Desire is guilty. Only with time and study was I able to realise that my desire was not condemnable.

When bus passengers were taken hostage by Islamic state in autumn 2015, the seven Hazara passengers were beheaded, whereas the others were set free. Among the Hazaras there were children, including Tabassom, a nine year-old girl. In the name of God, I just don't understand how someone can cut off a child's head. The canvas that I painted expresses my revolt at these severed heads. This particular murder appears at the centre. Tabassom is wearing a red veil and is dressed in white. This canvas bears her name, which means "smile." Then there was Farkhunda, a young woman who was stripped and lynched by men drunk on ignorance and violence. They killed her in the name of God and of the beliefs that hold them captive. They are sweeping the innocent away with them in their sinister whirlwind and soiling our society. Farkhunda is naked at the centre of this other canvas. She is the truth.

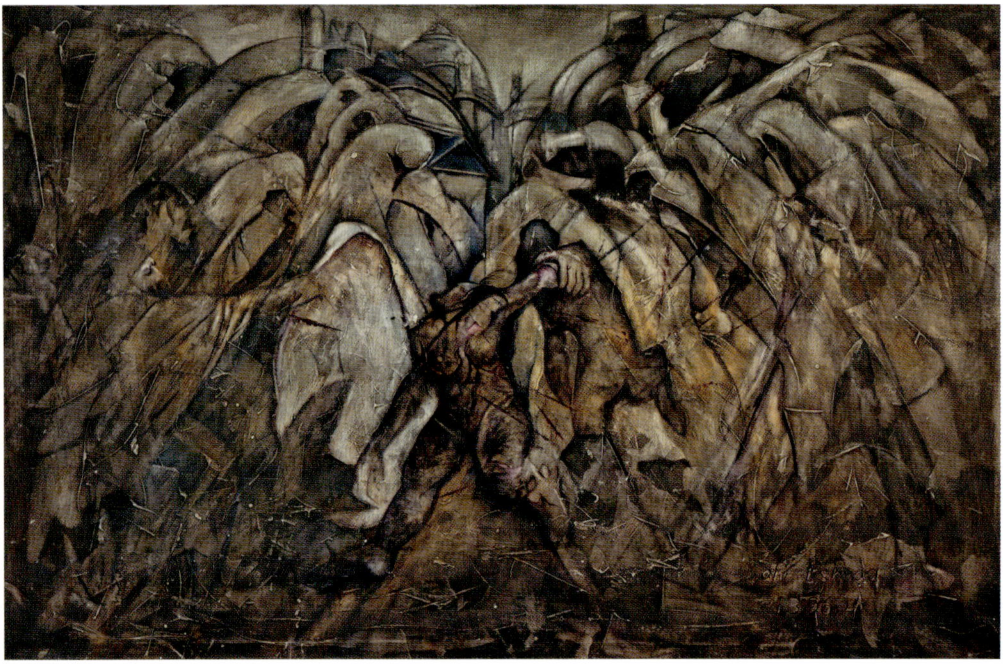

Latif Eshraq, *Farkhunda*, Kaboul, 2017
Huile sur toile | Oil on canvas
120 × 185 cm Collection Zahra Khodadadi

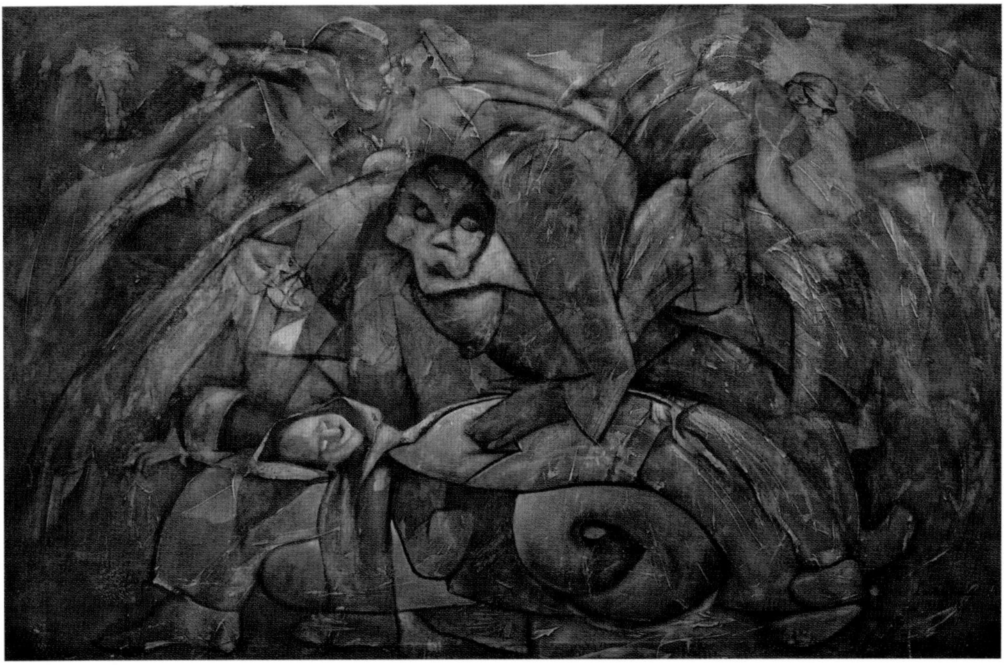

Latif Eshraq, *Donbal* [La poursuite | The pursuit], Kaboul, 2017
Huile sur toile | Oil on canvas
120 × 185 cm Collection de l'artiste

LA POÉSIE, UNE RÉPONSE À LA DESTRUCTION

POETRY, A RESPONSE TO DESTRUCTION

Il y a d'abord le silence. L'aberration, la surprise et la peur lient la parole. C'est une réponse immédiate à la violence et à la négation de l'humanité. Puis arrive un autre silence qui "est l'élément dans lequel se forment les grandes choses, pour qu'enfin elles puissent émerger, parfaites et majestueuses, à la lumière de la vie qu'elles vont dominer[1]".

Le temps est celui de la rencontre, du désir de s'inscrire pleinement dans un présent habité par tous. Il est celui de l'adresse à l'autre et de l'écoute. Les artistes s'emparent d'histoires racontées, y glissent la leur dans l'attente de l'énonciation de la grande Histoire. Rien n'est défini, tout est en mouvement. Une certitude cependant, la nécessité de lutter contre l'oubli et de trouver une vérité sur laquelle il sera possible de construire. Indubitablement, cette vérité se situe entre les êtres.

Morteza Herati suit des enfants "travailleurs" pendant plus de deux ans, avant que le silence de la rencontre s'installe, avant que "deux âmes s'atteignent, que les parois cèdent, que les digues se rompent, et que la vie ordinaire fasse place à une vie où tout devient très grave, où tout est sans défense, où plus rien n'ose rire, où plus rien n'obéit, où plus rien ne s'oublie[2]". Alors seulement arrive la couleur dans ses photos.

Aziz Hazara cherche à raconter l'histoire récente de l'Afghanistan au travers d'images d'archives, il ne semble trouver de réponses que dans le silence entre des mots qui peinent à venir et qui pourtant chantent la dignité de l'homme.

La parole est toutefois présente et l'oralité a une force dans la société afghane que l'écrit ne parvient pas à égaler. La parole dite entre deux êtres marque le respect, identifie l'adresse, définit le lien entre les locuteurs, inscrit une vérité. Elle prend d'autant plus de place que la société reste majoritairement analphabète. Cette vérité peut être inventée et non factuelle, l'important c'est qu'elle lie les hommes. C'est ainsi que les histoires sont contées et qu'elles circulent. La construction des mythes en Afghanistan est chose courante : plus un mythe est raconté, plus il devient vrai. Une mythologie moderne se tisse aujourd'hui grâce à des conteurs contemporains, qui n'ont pas la prétention de raconter l'Histoire réservée aux livres mais des histoires d'une société afghane plurielle, touchée par les guerres et les paradoxes induits par la modernité importée. Ces histoires offrent une résilience, car chacun peut se retrouver, être accueilli et accueillir les autres. Les contes d'Asar Laiq donnent aussi à entendre des nuances souvent tues par les médias, autres passeurs d'histoires. Dans le cadre de l'exposition "Kharmohra, l'Afghanistan au risque de l'art", ces contes sont associés à l'installation de Zolaykha Sherzad, *Hawa-ye Azad* [Espace libre]. Celle-ci invite à une introspection mystique, créant ainsi un espace propice à l'écoute des contes d'Asar Laiq.

1. Maurice Maeterlinck, *Le Trésor des humbles*, Grasset & Fasquelle, Paris, 2008 [1896], p. 19.
2. *Ibid.*, p. 21.

First of all, there is silence. Aberration, surprise and fear paralyse speech. This is the immediate response to violence and the negation of humanity. Then comes another silence that is "the element in which great things fashion themselves, that at length they may emerge, full-formed and majestic, into the daylight of Life, which they are henceforth to rule."[1]

The time is that of encounter, of the desire to be fully engaged in a present inhabited by all. It is the time of address to the other, and of listening. Artists take up the stories that are told, inserting their own as they await the utterance of History. Nothing is defined, everything is in motion. One thing, however, is certain: the need to fight against forgetting and find a truth on which it will be possible to build. Undoubtedly, the place of this truth lies between human beings.

Morteza Herati spent over two years following "worker" children, before the silence of the encounter settled in, before the "Two souls would draw near to each other: the barriers would fall asunder, the gates fly open, and the life of every day be replaced by a life of deepest earnest, wherein all are defenceless; a life in which laughter dares not show itself, in which there is no obeying, in which nothing can evermore be forgotten."[2]

Aziz Hazara seeks to relate the recent history of Afghanistan through archive images. He seems to find answers only in the silence between words that struggle to come and that, even so, sing of human dignity.

And yet speech is present and orality has a power in Afghan society that writing cannot equal. The words spoken between two beings mark respect, identify the address, define the link between speakers, and inscribe a truth. The space of speech is that much greater in that the majority of society is still illiterate. The truth can be invented and non-factual, what matters is that it bonds men together. That is why stories are told and circulate. The construction of myths is a common thing in Afghanistan: the more a myth is repeated, the truer it becomes. Today, a modern mythology is being woven thanks to contemporary storytellers, who no longer claim to relate the History found in books but the stories of a plural Afghan society touched by wars and the paradoxes resulting from an imported modernity. These stories offer resilience, for here everyone can identify with, be welcomed by and welcome others. The tales of Asar Laiq thus give us the sound of nuances that are often silenced by the media, that other vector of stories. In the exhibition "Kharmohra, Art under Fire in Afghanistan", these tales are shown in relation to the installation by Zolaykha Sherzad, *Hawa-ye Azad* [Free Space]. This encourages mystic introspection, thereby creating a space conducive to hearing the tales by Asar Laiq.

1. Maurice Maeterlinck, *The Treasure of the Humble. Works of Maeterlinck*, Fredonia Books, New York, 2001 [1896].
2. *Ibid.*

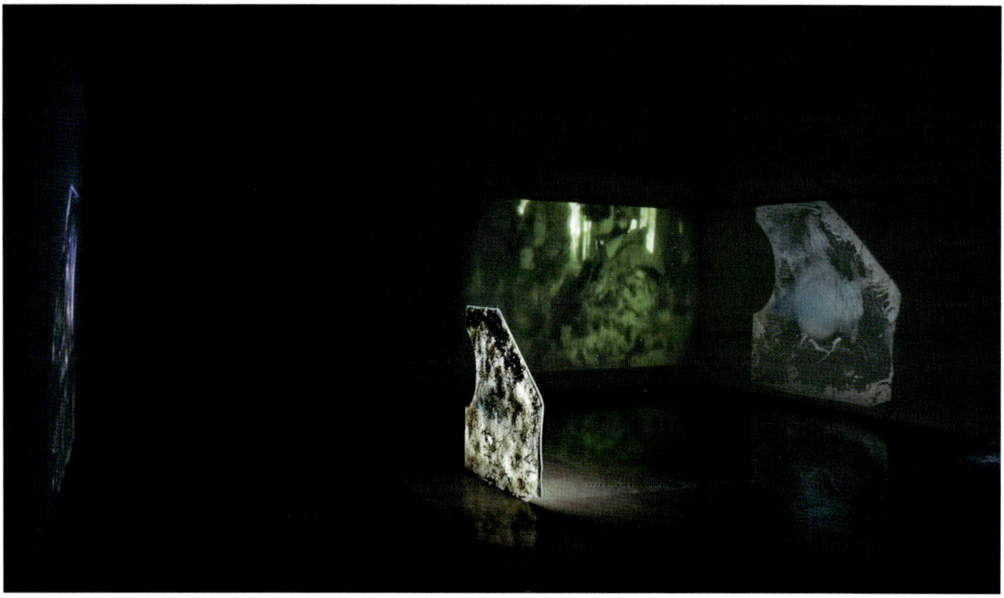

Aziz Hazara, *Dialectic* [Dialectique], Lahore, 2016
Installation vidéo | Video installation
Collection de l'artiste

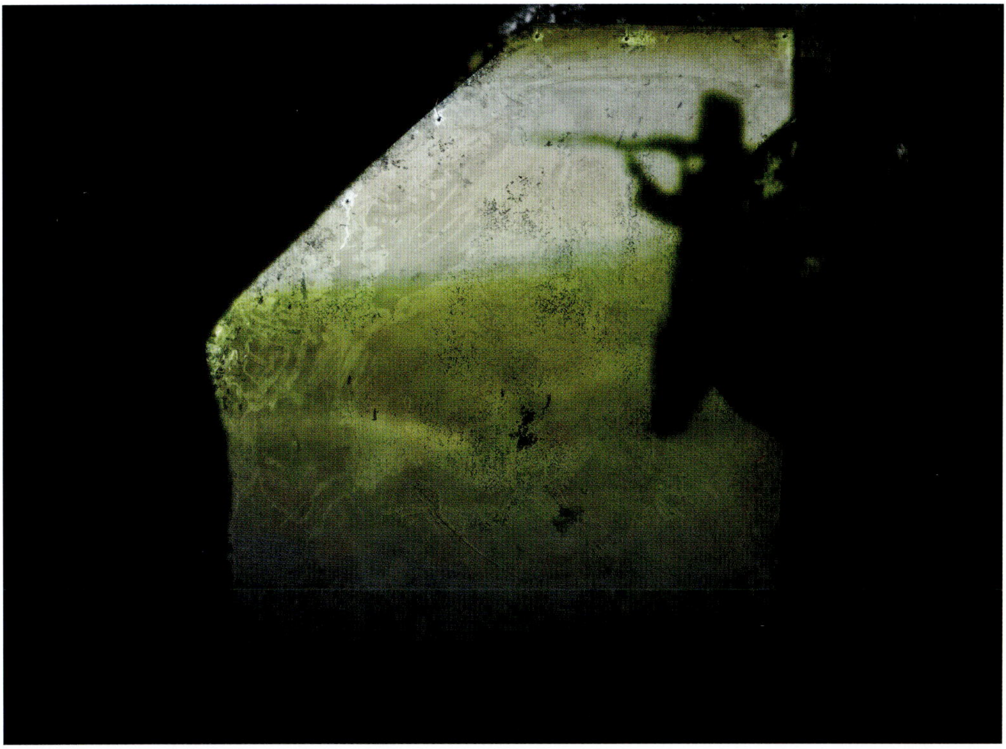

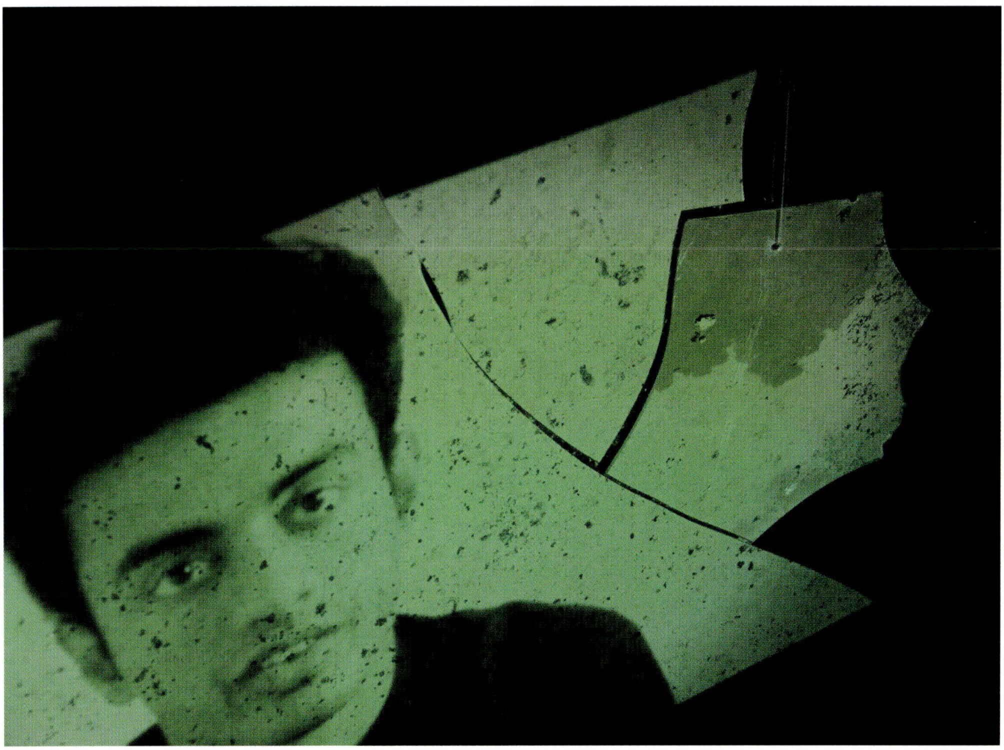

Morteza Herati

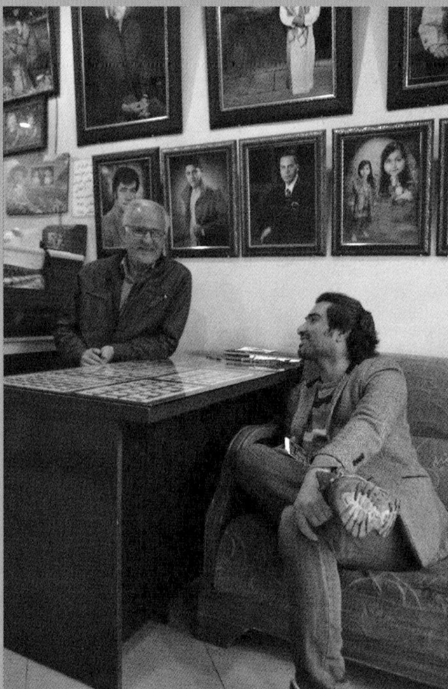

Né en 1985, Morteza Herati est originaire de Hérat. Au moment de la révolution de 1978, sa famille migre à Mashhad en Iran. Son père y apprend la photographie et, de retour à Hérat, durant la guerre civile, il ouvre son studio. Quand les talibans arrivent au pouvoir, la photographie est interdite, mais le studio reste ouvert. Les talibans installés à Hérat sont pour la plupart originaire du Helmand. Un jour, l'un d'eux entre dans la boutique et demande à être photographié pour envoyer les images à sa famille. Pour ne pas être considérées comme impures *(haram)*, ces photos doivent être prises par un garçon qui n'a pas encore atteint l'âge de la puberté. Morteza Herati prend ainsi ses premiers clichés. Ce n'est réellement qu'après 2001 qu'il songe à devenir photographe. Comme la plupart des formations sont dispensées à Kaboul, il travaille seul, fait des recherches sur internet, apprend l'histoire de la photographie, étudie la lumière... Attiré par l'art conceptuel, il participe en 2013 à la 4e édition de l'Afghan Contemporary Art Prize à Kaboul. Des ateliers lui ouvrent alors de nouvelles perspectives. En 2017, il expose à Téhéran; en 2018, il réalise son premier livre de photo *Chaarsuo*, exclusivement dédié à la vie quotidienne à Hérat; en 2019, il ouvre un studio à Hérat, Akaskhana ("Maison de la photo").

Born in 1985, Morteza Herati comes from Herat. At the time of the revolution, in 1978, his family migrated to Mashhad in Iran. There his father learned photography and, coming back to Herat during the civil war, opened a studio. When the Taliban came to power photography was banned. Still, the studio remained open. Most of the Taliban based in Herat came from Helmand Province. One day, one of them came into the shop and asked to be photographed so he could send the pictures to his family. In order not to be considered impure *(haram)*, these photos had to be taken by a boy who had not yet reached the age of puberty. This was how Morteza Herati came to take his first photos. But it was only after 2001 that he started thinking of becoming a photographer. Since most of the courses were in Kabul, he worked on his own, doing his research on the Internet, learning about the history of photography, and studying light. Attracted to conceptual art, he took part in the fourth edition of the Afghan Contemporary Art Prize in Kabul in 2013. Workshops now opened up new perspectives. In 2017, he exhibited in Tehran, and in 2018 he produced his first book of photographs, *Chaarsuo*, all about everyday life in Herat. In 2019, he opened a studio in that city, Akaskhana (House of photography).

Hérat m'inspire. Je connais les ruelles, les passants, les murs, le rythme du quotidien, les odeurs, les saisons et les époques... Je flâne et je me laisse conduire par les images de mon enfance qui y trouvent une résonance. Hérat a été détruite, désertée, des quartiers entiers ont été rasés, puis les habitants sont revenus et ont reconstruit. Je ne photographie pas les paysages, je ne fais plus de montage, je ne cherche plus une esthétique particulière. Je veux raconter les histoires de ceux qui vivent ici. Je suis des personnes, parfois pendant des années, pour qu'un lien se crée. J'utilise mon appareil, mais il m'arrive aussi de prendre des photos avec mon téléphone portable à la dérobée. Je développe moi-même sur papier. J'ai une idée très précise de la lumière et du grain que je veux.

*L'art de la photographie est apparu après la chute des talibans. Les formations ont été dispensées uniquement à Kaboul, avec la création de l'*ONG *Aïna par le photographe Reza en 2001*[1]*. À Hérat, des étrangers ont pris des clichés de paysages, de monuments urbains ou de la population, mais il n'y a jamais eu de regard afghan. C'est en prenant des photos d'identité que je me suis rendu compte de l'importance des histoires de chacun. Le rapport avec l'objectif dit beaucoup des vies et de la culture.*

Au moment de la chute des talibans, les gens ont eu besoin de photos d'identité pour leurs papiers, pour voter et voyager, pas seulement pour quitter le pays, mais pour se faire soigner à l'étranger ou visiter un membre de la famille. Les photos d'identité ont dû répondre à des règles dictées par le ministère de l'Intérieur. Avec mon père, nous avons pris soudain beaucoup de photos. Les clients étaient très provinciaux et leurs réactions face à l'objectif, pour une simple photo, racontaient beaucoup. La plupart n'acceptaient pas les règles dictées par le ministère. Des femmes de l'âge de ma grand-mère ne voulaient pas montrer leurs oreilles : "Personne n'a vu mes oreilles depuis que je suis enfant et tu veux que je te les montre ?" me disaient-elles. Certaines ne souhaitaient pas enlever leur tchadri *et je devais les convaincre – sans les heurter – de la nécessité de découvrir leur visage pour la photo. Certains hommes n'appréciaient pas de me voir habillé à l'occidentale, et je devais parfois me changer. D'autres étaient prêts à me tuer parce que j'étais shiite, mais comme ils avaient besoin de ces photos, ils se pliaient aux règles après de longs échanges.*

Les murs portent l'empreinte des luttes et des tensions qui ont marqué Hérat, ville très conservatrice. Ces dernières années, les extrémistes ont gagné en influence. Sur un des murs du centre-ville long de près de 300 mètres, le ministère du Hadj et des Affaires religieuses a inscrit des versets du Coran, qui deviennent de véritables slogans pour un étroit contrôle des mœurs. Des groupes d'artistes y ont répondu par des graffitis comme "Marre de la guerre !" ou encore "Nous voulons la paix". Tous les deux mois, ils sont effacés, puis ils réapparaissent. Parfois, ces graffitis se mêlent aux écrits institutionnels, si bien que la ville est obligée de repeindre entièrement les murs.

Le Harirud, fleuve de près de 1100 kilomètres, traverse le Turkménistan, l'Afghanistan et l'Iran. Enfant, je m'y baignais et j'oubliais l'austérité de la ville.

1. Cette ONG n'est plus en activité depuis 2005-2006, mais d'autres formations ont vu le jour, les Ateliers Varan notamment.

Tout semblait alors possible... Adulte, j'y retourne avec ma famille, j'observe les personnages et les situations qui racontent tant de notre ville. Les Hératis s'y rendent tous les vendredis. J'y ai rencontré des enfants travailleurs qui viennent jouer. J'ai commencé à les prendre en photo avec mon téléphone, des clichés en noir et blanc. Je les ai suivis pendant plus de deux ans. Ces moments étaient atemporels, progressivement un lien plus intime s'est noué entre nous. J'ai alors utilisé mon appareil photo. Les enfants m'ont laissé percevoir leur immense silence et la couleur est arrivée.

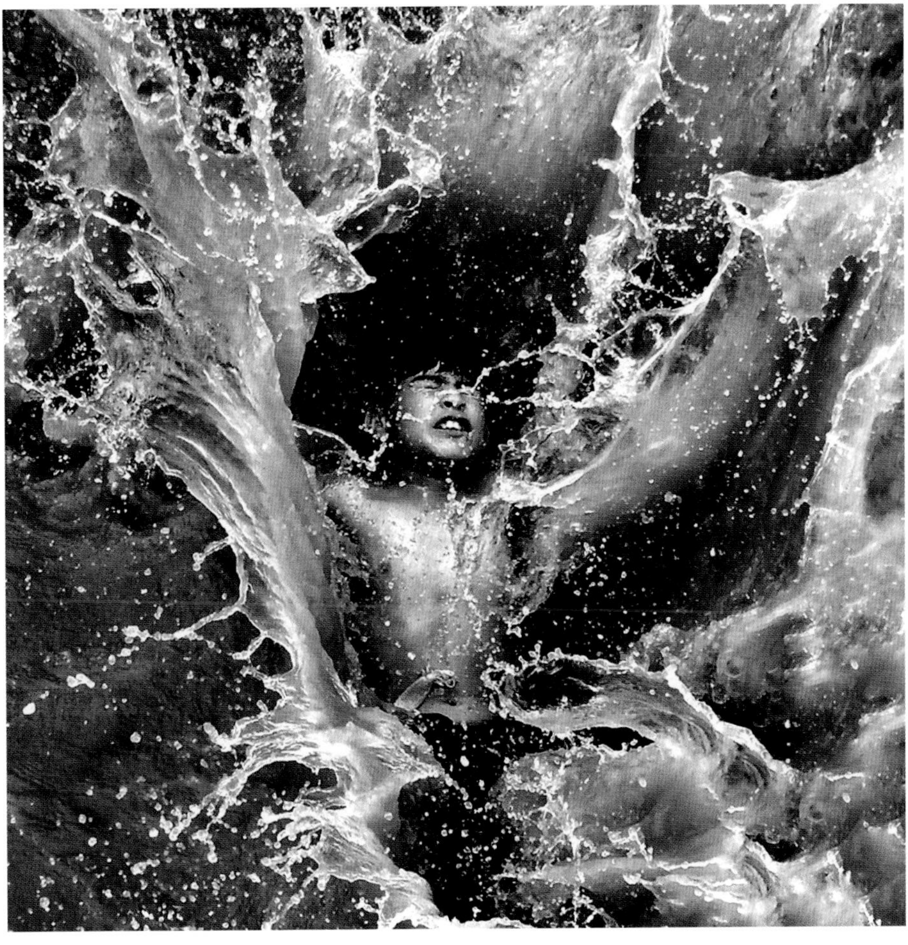

Morteza Herati, "Batchah ha-ye rudkhanah, seri-ye I"
[Les garçons du fleuve, série I | River boys, serie I], 2016
Photographies | Photographs
Collection de l'artiste

Herat inspires me. I know its streets, the passers-by, the walls, the rhythm of everyday life, the smells, the seasons and the periods. I wander round and I let myself be led by images from my childhood that still resonate there. Herat was destroyed and deserted, whole quarters were razed, then the inhabitants came back and rebuilt. I don't photograph landscapes, I don't do montage any more, I'm not looking for any particular aesthetic. I want

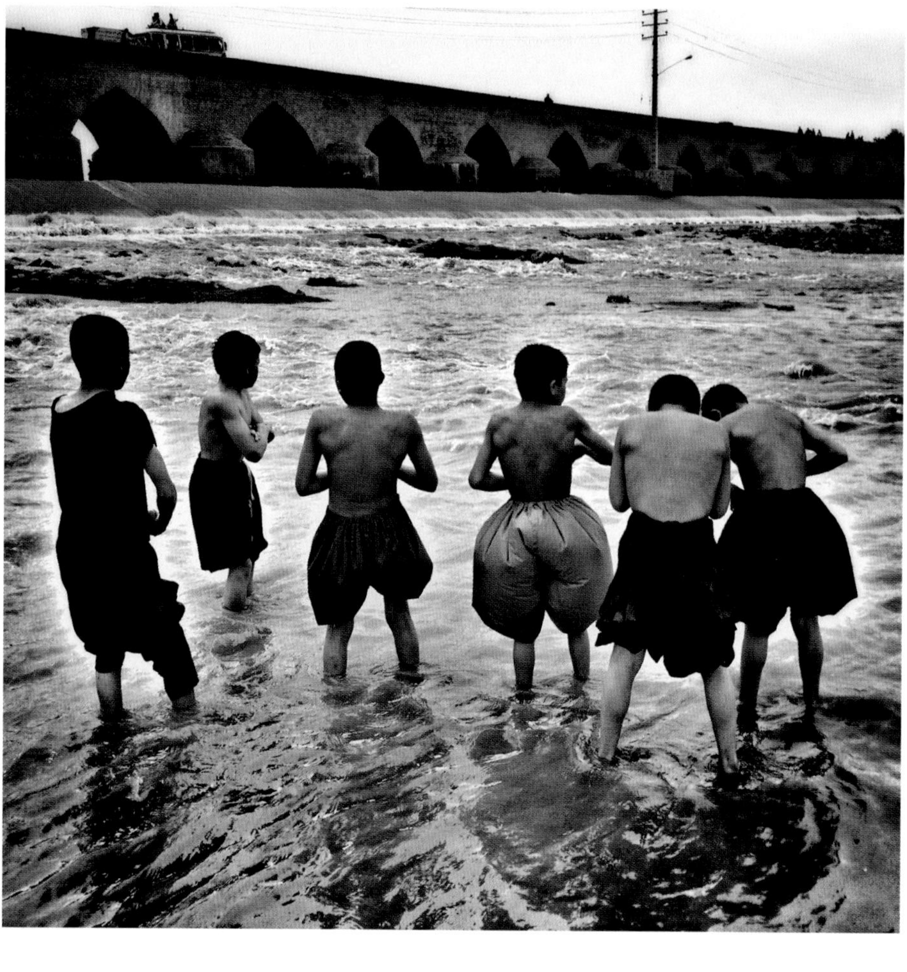

to tell the stories of the people who live here. I follow people, sometimes for years, so that we form a bond. I use my camera but sometimes, too, I take photos secretly with my mobile. I do the developing myself on paper. I have a very precise idea of the light and the grain that I want to get.

The art of photography appeared after the fall of the Taliban. Training was given only in Kabul, with the creation of the Aïna NGO *by photographer Reza in 2001.*[1] *In Herat, foreigners took photos of landscapes, of urban monuments, or of the population, but there was never an Afghan point of view. It was when I was taking identity photographs that I realised how important each person's personal histories were. The relation to the lens says a great deal about lives and culture.*

At the time when the Taliban fell, people needed identity photos for their papers, in order to vote and travel, not just to leave the country but also to get treatment abroad or to visit a member of the family. Identity photos had to comply with the strict rules laid down by the Ministry of the Interior. My father and I were suddenly taking lots of photographs. Clients were very provincial and their reactions to the lens, for a simple photo, said a great deal. Most didn't accept the rules laid down by the Ministry. Women my grandmother's age didn't want to show their ears. "Nobody has seen my ears since I was a child and you want me to show them now?" they said to me. Some didn't want to take off their chadaree *and I had to persuade them – without upsetting them – that it was necessary to show their face for the photo. Some men didn't like the fact that I was dressed in the Western fashion and there were times when I had to change. Others were ready to kill me because I was a Shiite, but because they needed these photos, they followed the rules – after long discussions.*

The walls bear the marks of the struggles and tensions that have scarred Herat, which is a very conservative city. Extremists have gained in influence there in recent years. On one of the walls in the city centre which is nearly three hundred metres long, the Ministry of the Haj and Religious Affairs has inscribed verses from the Koran, which here become veritable slogans for the control of morality. Groups of artists have answered with graffiti like "sick of the war!" or "we want peace." Every two months these are cleaned off, then they reappear. Sometimes, this graffiti mixes with institutional writings, so that the city has to completely repaint the walls.

The Hari, a river nearly a 1,100 kilometres long, flows through Turkmenistan, Afghanistan and Iran. As a child I used to bathe in it and I would forget the austerity of the city. Everything seemed possible then. As an adult, I go back there with my family. I observe the people and the situations, which say so much about our city. Heratis go there every Friday. It was there that I met the working children who come to play. I started taking photographs of them with my telephone, snaps in black-and-white. I followed them for over two years. These moments were timeless, and gradually we forged a more intimate link. Then I started using my camera. The children let me see their immense silence and the colour came.

1. This NGO ceased its activity after 2005–6, but other training initiatives have been set up, including the Varan Workshops.

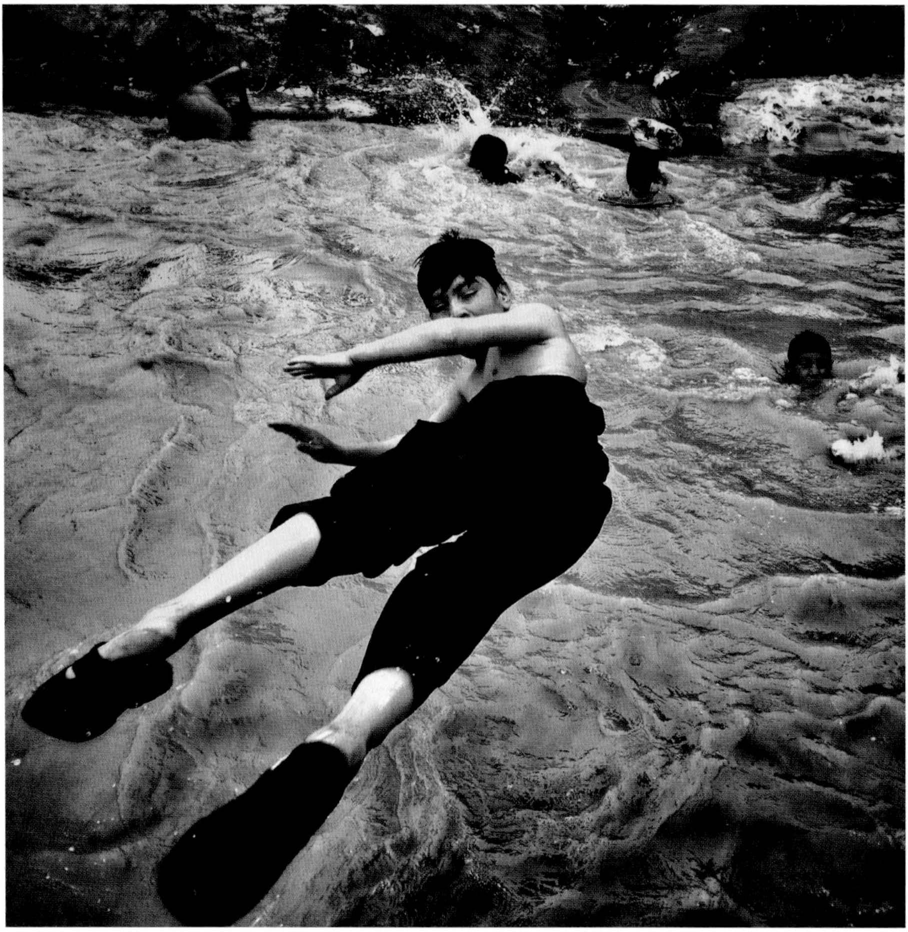

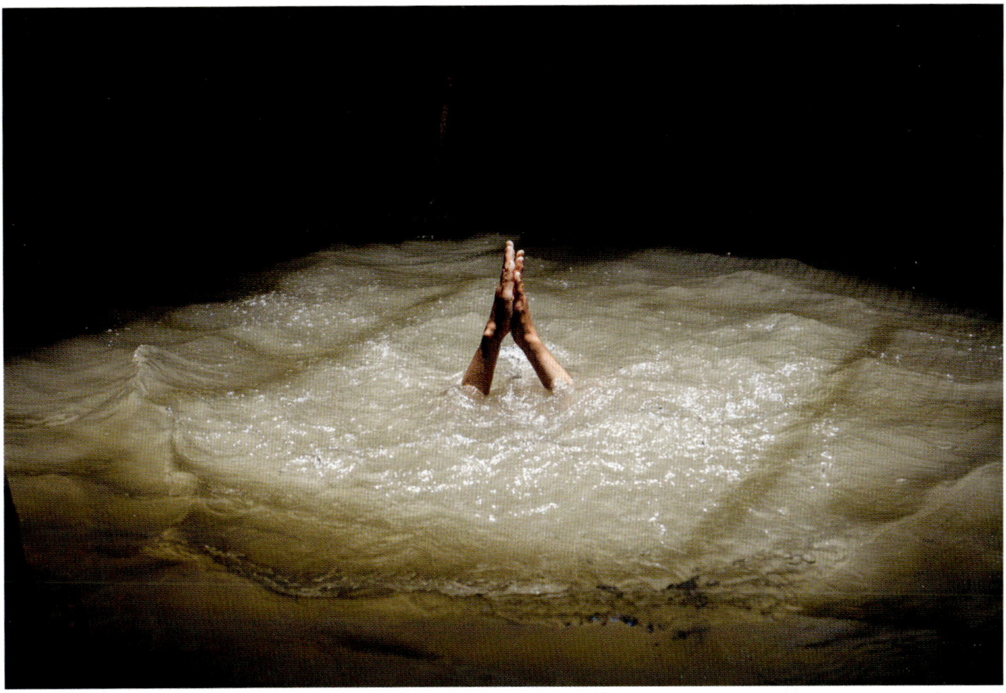

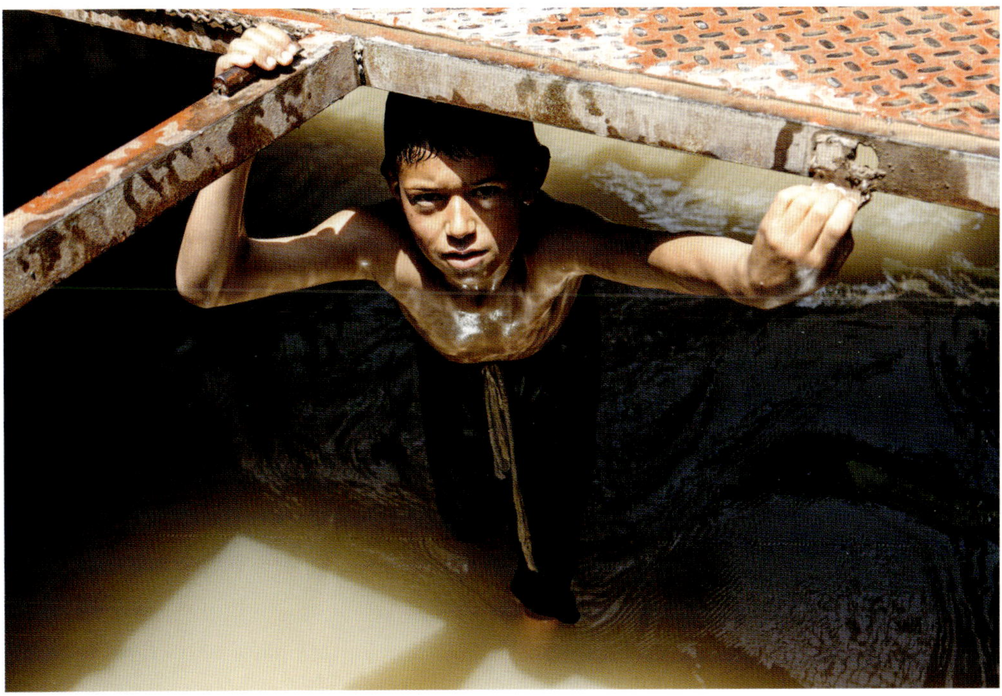

Morteza Herati, “Batchah ha-ye rudkhanah, seri-ye II”
[Les garçons du fleuve, série II | River boys, serie II], 2018
Photographies | Photographs
Collection de l’artiste

Asar Laiq

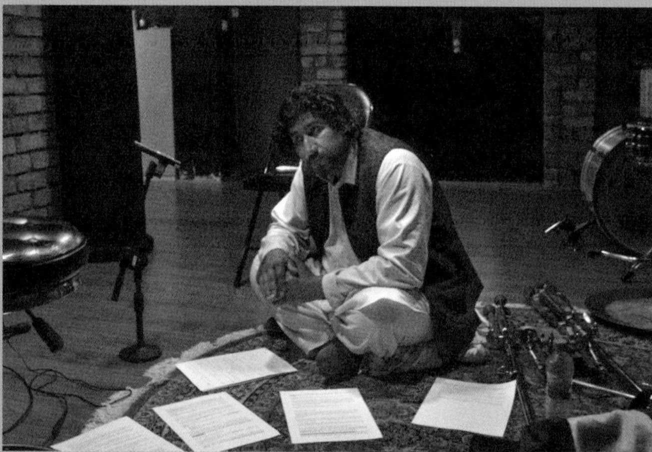

Asar Laiq est né dans le Laghman en 1964. Sa famille gagne Kaboul quand le père, militaire, y est affecté en 1980. Il devient lui-même soldat et combat aux côtés du gouvernement pendant la guerre contre les moudjahidin. Devenu gardien de nuit des bureaux du ministère de la Défense, il écoute les récits qu'on lui raconte et commence à prendre des notes, à écrire des histoires, puis prête sa voix à la Radio et Télévision afghane (RTA). À l'arrivée des talibans, il part seul au Pakistan. Il transporte et vend des fruits, devient mécanicien et surtout gagne des combats de boxe. Il ouvre alors une salle de sport, où il donne des cours et entraîne des policiers pakistanais. Il est alors aussi souvent sollicité pour venir en aide aux réfugiés afghans qui se trouvent aux prises avec la police pakistanaise. On le surnomme *Gharib Khan* (le “Commandant étranger”). Lui-même n'a pas de papiers quand il va plaider la cause des réfugiés ! En 2001, il rentre à Kaboul, reprend son poste de gardien de nuit, puis ne se consacre plus qu'à son travail d'acteur et dramaturge à la RTA. Il travaille par la suite pour la radio Killid et d'autres chaînes (Shamshad, Lemar). Il anime notamment une émission de divertissement où il joue un personnage appelé *Aka* (“oncle”), qui le rendra célèbre et ne le quittera plus. Il intervient également dans les provinces en milieux scolaires, dans les prisons, mais aussi à l'occasion de cérémonies ou de fêtes.

Asar Laiq was born in Laghman Province in 1964. His family came to Kabul when his father, a soldier, was posted there in 1980. He himself became a soldier and fought alongside the government in the war against the mujahidin. Becoming a night watchman at the Ministry of Defence offices, he listened to the tales people told him and started taking notes, writing stories and then lending his voice to Radio Television Afghan (RTA). When the Taliban came, he left for Pakistan on his own. He transported and sold fruit, became a mechanic and, above all, won boxing matches. He opened a sports hall where he gave lessons and trained Pakistani policemen. He was frequently called on to come and help Afghan refugees who were in trouble with the Pakistani police. He was nicknamed *Gharib Khan* (the foreign commandant). He himself had no official papers when he went to plead the cause of these refugees. In 2001 he returned to Kabul, resumed his position as a night watchman but then concentrated exclusively on his work as an actor and playwright at the RTA. Later he worked for Radio Killid and, after that, other stations (Shamshad, Lemar). For example, he hosted an entertainment programme in which he played a character called *Aka* (uncle). This made him famous and became a permanent association. He also made appearances at schools around the provinces, in prisons, but also at ceremonies and parties.

Je vis entre un monde moderne fascinant et les traditions de ma culture pachtoune, entre deux temps, celui de la ville et celui de la campagne. Le soir, je retrouve ma femme et mes neuf enfants, ainsi que le silence de mon jardin. Cela me permet de me remémorer les visages que j'ai vus et les mots que j'ai entendus.

Je veux que mes filles soient instruites, je les ai même initiées à la boxe. Les traditions pachtounes ne favorisent pas toujours l'éducation des femmes et leur engagement dans la société active. Ceux qui tentent d'apporter des changements à cela ne sont pas toujours compris. Les plus traditionnels voient ces évolutions comme une insulte à leurs croyances et à leurs fondements familiaux, et ils y répondent par la violence. Mon atelier est un lieu de parole et d'écoute, seules capables d'accompagner ces changements brutaux.

Je suis avant tout momasel, *"acteur". Cela ne s'apprend pas, j'ai le sentiment de l'avoir toujours été. Je ne suis pas allé beaucoup à l'école, jamais à l'université, je n'ai pas beaucoup lu. Je n'ai pas parcouru le monde, mais j'ai écouté et observé.*

Enfant, les seules images que j'avais en tête étaient celles des histoires que contait ma grand-mère, l'amour impossible entre Leyli et Majnoun, Youssef et Zolaykha, Youssef et Shirbanou..., la beauté de sa langue et les landay[1] *qu'elle récitait. Quand nous sommes allés à Kaboul, j'ai découvert, adolescent, la télévision, que je regardais sans m'arrêter. Le jour, il y avait les programmes afghans et, à partir de minuit, ceux de la télévision soviétique. J'ai quand même découvert Bruce Lee, ce bienfaiteur m'a inspiré et... j'ai fait du taekwondo, du kung-fu et de la boxe. Cela a été fondamental pour ma maîtrise des émotions.*

C'est l'amour pour une jeune femme que j'ai rencontrée alors que j'étais gardien de nuit qui m'a conduit au métier d'acteur. Elle était mon contraire : j'étais noir de peau, elle était blanche, elle était Hazara et j'étais Pachtoun, elle était éduquée et je n'étais qu'un vulgaire soldat. Elle a déchiré la lettre d'amour que je lui ai écrite. Il ne me restait plus que le jeu pour qu'elle me découvre : j'ai alors enchaîné des voix à la radio, j'écrivais les rôles et je jouais. Un jour, elle a fini par me voir.

Je suis devenu le personnage Aka, *que j'interprétais pour une émission de télévision. Pour moi c'est devenu bien plus qu'une adresse respectueuse. Au fil des ans, la confiance des gens a nourri ce titre. Cet* Aka *que je suis devenu libère la parole, délivre les personnes de lourds secrets, fait rire, donne des conseils sages et apaise. Je peux parler à tout le monde, aux ennemis comme aux amis. Ma parole est entendue. J'emploie le langage du quotidien mais aussi de la poésie accessible à tous. La parole est une arme, un pouvoir. Je dois être à la hauteur.*

1. Ce sont de courts poèmes de vingt-deux syllabes qui circulent uniquement sous forme orale.

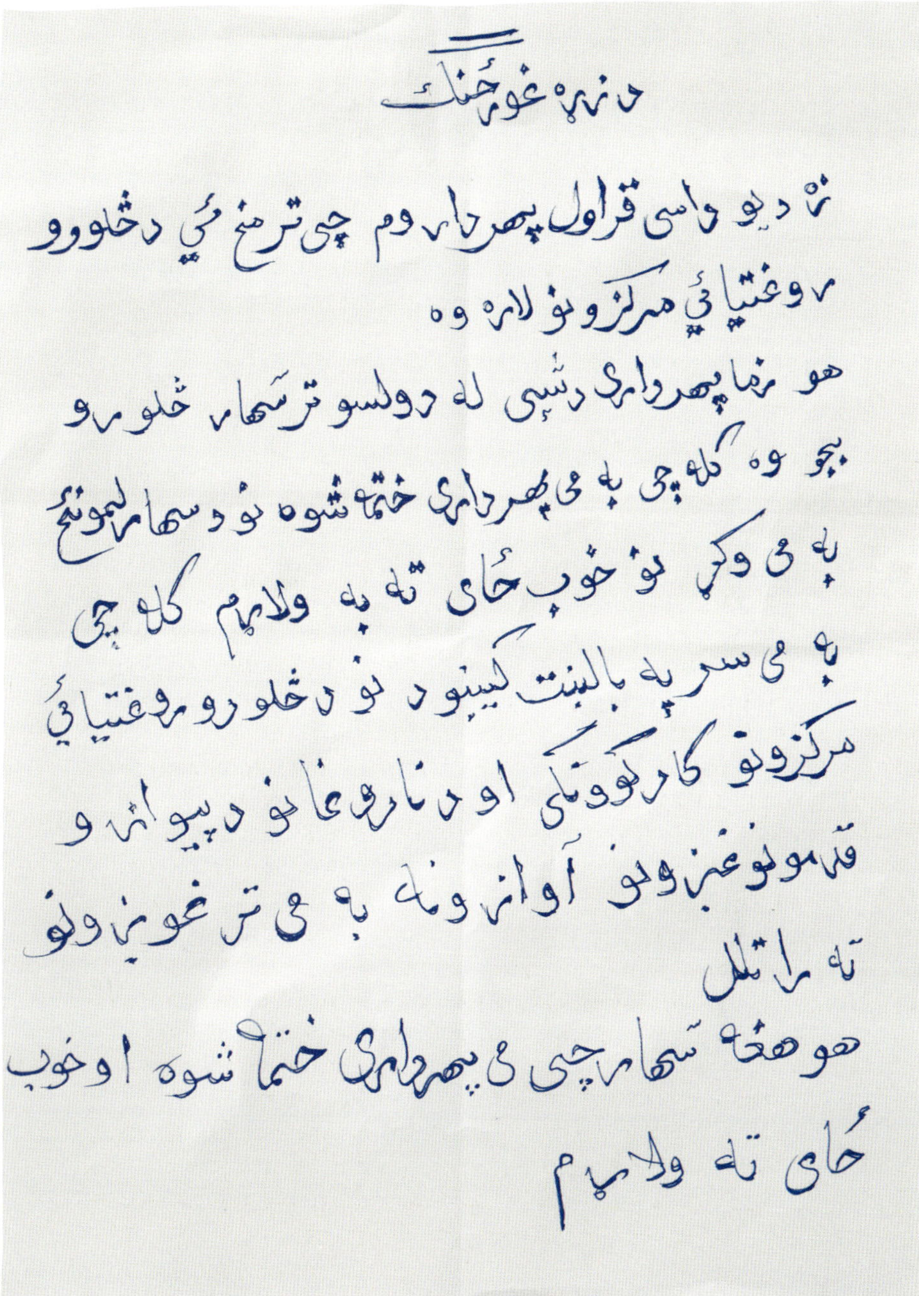

د زړه غورځنګ

زه د یو واسی قراول پهره دار وم چې تر منځ مې د څلورو
روغتیایي مرکزونو لاره وه

هو زما پهره داري د شپې له دولسو تر سهار څلورو
بجو وه کله چې به مې پهره داري ختمه شوه نو د سهار لمونځ
به مې وکړ نو خوب ځای ته به ولاړم کله چې
به مې سر په بالښت کېښود نو د څلورو روغتیایي
مرکزونو کارکوونکي او د ناروغانو د پښو او
قدمونو غږونو آوازونه به مې تر غوږونو
ته راتلل

هو هغه سهار چې مې پهره داري ختمه شوه او خوب
ځای ته ولاړم

Asar Laiq, *Dezleghorzang* [Épris des pas | Heartbeats], 2019
Histoire écrite et contée en pachto | Story written and told in pashto

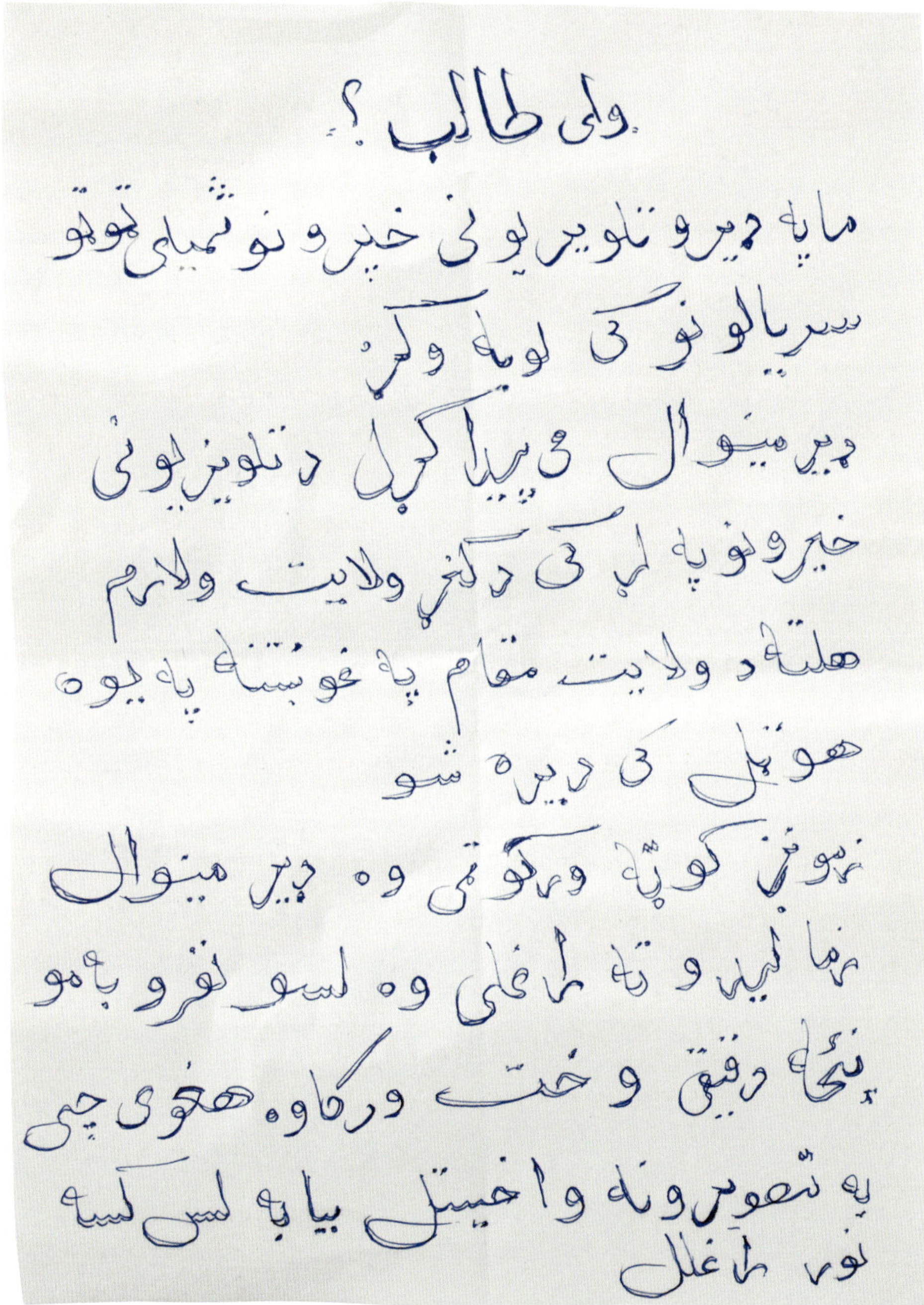
ولې طالب ؟

ما په ډېرو تلویزیوني خبرونو نمایشي ټوټو
سریالونو کې لیده وکړه
ډېر مېنوال مې پیدا کړل د تلویزیوني
خبرونو په لړ کې د لګر ولایت ولاړم
هلته د ولایت مقام په خوښښه په یوه
هوټل کې ډېره شو
زموږ کوټه ورکوټې وه ډېر مېنوال
زما لیدو ته راتلې وه لسو نفرو با مو
پنځه دقیق وخت ورکاوه هغوی چې
په تصویرونه واخیستل بیا به لس لسه
نور راتلل

Asar Laiq, *Taleb*, 2019
Histoire écrite et contée en pachto | Story written and told in pashto

I live between a fascinating modern world and the traditions of my Pashtun culture, between two times, that of the city and that of the countryside. In the evening I go back to my wife and my nine children, and to the silence of my garden. There I can recollect the faces I have seen and the words I have heard.

I wanted my daughters to be educated. I even initiated them into boxing. Pashtun traditions do not always favour the education of women and their engagement in active society. Those who try to change this situation are not always understood. The most traditional see these developments as an insult to their beliefs and the foundations of their family, and they respond with violence. My studio is a place of speech and listening, which are the only ways of accompanying sudden change.

I am above all a momasel, *an actor. That's not something you can learn. I have the feeling I've always been that. I didn't go to school much, and never to university. I haven't read much. I haven't travelled the world but I have listened and observed.*

As a child, the only images I had in my head were of the stories told by my grandmother, the impossible love between Layla and Majnun, Yusuf and Zulaikha, Yusuf and Sherbano..., the beauty of her language and the landay[1] *that she recited. When we went to Kabul I was a teenager and there I discovered the television, which I watched all the time. In the daytime there were Afghan programmes and, after midnight, Soviet television. I discovered Bruce Lee, a benefactor who inspired me, and I did taekwondo, kung fu and then boxing. This was fundamental for my emotional self-control.*

It was my love for a young woman whom I met when I was a night watchman that led me to the profession of actor. She was my opposite: I was dark-skinned, her skin was white; she was a Hazara and I was a Pashtun; she was educated and I was just a vulgar soldier. She tore up the love letter I wrote her. That left only my acting as a way for getting her attention. So I did voice after voice on the radio, I wrote roles and I acted. And one day she eventually saw me.

I became the character Aka, *which I acted for a television show.* Aka *means uncle, but for me it has become much more than a respectful term of address. Over the years, people's trust has nourished this title. This* Aka *that I have become liberates speech, delivers people from their oppressive secrets, brings laughter, gives wise advice and soothes. I can talk to everybody, to enemies and to friends. My words are heard. I use everyday language, but also poetry that is accessible to all. Speech is a weapon, a power. I must be worthy.*

1. These are short poems with only twenty-two syllables which exist uniquely in oral form.

Zolaykha Sherzad

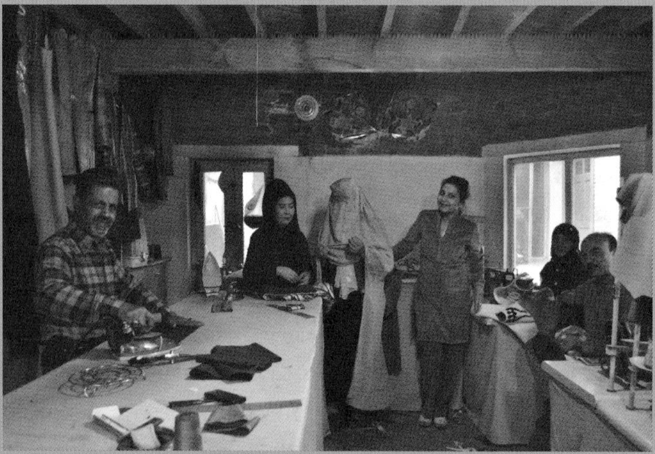

Zolaykha Sherzad est née à Kaboul en 1967. Durant la révolution de 1978, elle s'exile avec sa famille en Suisse. Le désordre, le dénuement et la séparation marquent son adolescence. L'école lui permet de rêver d'un avenir différent, elle trouve enfin un apaisement dans ses études d'architecture. Elle se passionne pour des questions d'espace, notamment lorsqu'il définit extérieur et intérieur. Elle voyage au Japon et à New York, où elle s'installe et cofonde une agence d'architecture, ARX. Elle enseigne l'architecture au Pratt Institute en même temps qu'elle suit une formation de styliste de mode. Parallèlement, elle crée en 2000 une ONG, School of Hope, pour soutenir des écoles en Afghanistan. En 2004, elle lance Zarif Design, une ligne de vêtements, de même qu'un atelier de création à Kaboul pour promouvoir et soutenir un savoir-faire artisanal (tissage, broderie, teinture). Elle réalise également des installations comme *Hawa-ye Azad* [Espace libre], dont différentes versions ont été exposées à Kaboul, à la Biennale de Venise et à la dOCUMENTA13.

Zolaykha Sherzad was born in Kabul in 1967. During the 1978 revolution she went into exile with her family in Switzerland. Her teenage years were a time of chaos, poverty and separation. At school she could dream of a different future. Studying architecture brought her peace at last. She was fascinated by questions of space, especially when it came to defining exterior and interior. She travelled to Japan and New York, where she settled and co-founded an architectural practice, ARX, whose many prizes included those of the Young Architects Forum in 1997 and the New York Foundation of the Arts in 2000. Also in New York she taught architecture at the Pratt Institute (1989–2003) and took a course in fashion design. In 2000 she created an NGO, School of Hope, in order to support schools in Afghanistan. In 2004 she launched Zarif Design, a clothing line but also a creative studio in Kabul to promote and support artisanal know-how (weaving, embroidery, dyeing). She also made installations such as *Hawa-ye Azad* [Free Space], different versions of which have been exhibited in Kabul, at the Venice Biennale and at the dOCUMENTA13.

Mon atelier est en Afghanistan et suit le fil du tissage… celui de la création du vêtement. À Hérat, je choisis la soie et je travaille de près avec un éleveur de vers à soie ; je trouve aussi des turbans que j'utilise pour des tuniques et des pirhan tombân *(habit traditionnel masculin), que je redessine. Il y a un rose que je ne trouve qu'à Hérat. À Mazar-e Charif, je rends visite à cinq tisserands qui travaillent le coton, la soie et la laine. Chaque famille de tisserands réalise des motifs qui lui sont propres et parfois sollicite d'autres tisserands pour les besoins de l'ornement. Ils puisent dans les motifs traditionnels et ancestraux, mais certains proposent des variations dans les couleurs et les formes. Dans le Nord, ils sont influencés par les ornements ouzbeks. À Kaboul, ils tentent un travail plus expérimental sur les teintures ou le tissage. Celui qui plisse le tissu du* tchadri *de l'installation* Hawa-ye Azad *est parvenu à presque doubler la largeur du tissu, qui est passé de 40 à 75 centimètres. L'avantage est que nous perdons ainsi moins de tissu à la coupe. Enfin, à Kaboul j'ai mon propre atelier à Shahr-e Naw, dans le centre, qui se compose de plusieurs espaces : l'un est réservé aux vêtements pour hommes, un autre aux vêtements pour femmes. Il y a un atelier de broderie et je fais parfois appel à des calligraphes. Un dernier atelier se trouve dans la vieille ville, à Murad Khani, qui est réservé à la formation. Mes créations sont collectives. J'écoute chaque artisan, chaque membre de mon équipe, puis nous échangeons. Leur enthousiasme m'est indispensable.*

À l'origine de Zarif Design, il y avait l'idée de restituer une dignité à des corps d'hommes ou de femmes qui avaient été maltraités par la guerre. J'ai dessiné des coupes inspirées des modes actuelles, tout en faisant honneur à l'artisanat afghan et à son histoire. Si au départ et pour des raisons économiques, ces vêtements ont été principalement portés par des Occidentaux, peu à peu, les Afghans ont été séduits par ces modèles et d'autres créateurs s'en sont même inspirés, remettant les motifs traditionnels à la mode. C'est ce qui compte pour moi.

Tout est fait à la main par des artisans indépendants qui font l'effort de ne pas céder à la pression économique. La concurrence chinoise est réelle. Elle parvient à reproduire les couleurs et les motifs sur des tissus synthétiques à moindre prix. La majorité des tchadri *est réalisée ainsi. Il y a quinze ans, mes propositions étaient perçues comme ringardes pour les Afghans, mais des Occidentaux expatriés rêvaient à l'inverse de singularité et d'authenticité. Pour moi, c'était un moyen de faire circuler dans la ville, et même au-delà des frontières, ces magnifiques tissus et broderies et de donner à voir une partie de la culture afghane. Cela permet aussi de faire marcher des ateliers et de préserver des savoir-faire qui disparaissent. Une trentaine d'hommes et de femmes travaillent à temps plein pour Zarif Design depuis près de quinze ans. Le management est tenu par les femmes. Il est capital de soutenir leur indépendance encore très menacée dans la société afghane.*

Avec Hawa-ye Azad, *j'avais envie de sculpter dans l'espace, de rétablir l'histoire du* tchadri *et de rendre hommage aux femmes qui ne se réduisent pas à ce vêtement. Contrairement à ce que l'on pense, le* tchadri *a paradoxalement permis aux femmes de sortir de l'espace privé, de parcourir la ville et d'avoir plus de liberté. Ce vêtement était porté avec élégance et fierté par ma grand-mère... Il ne s'agit pas de relancer une polémique sur le voile ni de promouvoir cet habit qui, de fait, couvre presque entièrement la femme. Simplement, il raconte aussi beaucoup de nos histoires et de nos traditions.*

Hawa-ye Azad *est une installation en soie. Une calligraphie en or est réalisée dans la version originale. La technique du plissage s'inspire de la tenue traditionnelle du* tchadri. *L'œuvre emprunte sa forme à la lettre* "he-e do tcheshma", *première lettre du mot* "hawa" *qui, en dari, signifie "air", "temps", "espace" ou encore "vent". Suspendue ainsi dans l'espace, cette structure, par la dynamique de ses courbes, inspire la répétition d'un mouvement circulaire à l'infini. Elle évoque le vent, la suspension et une pensée mystique.*

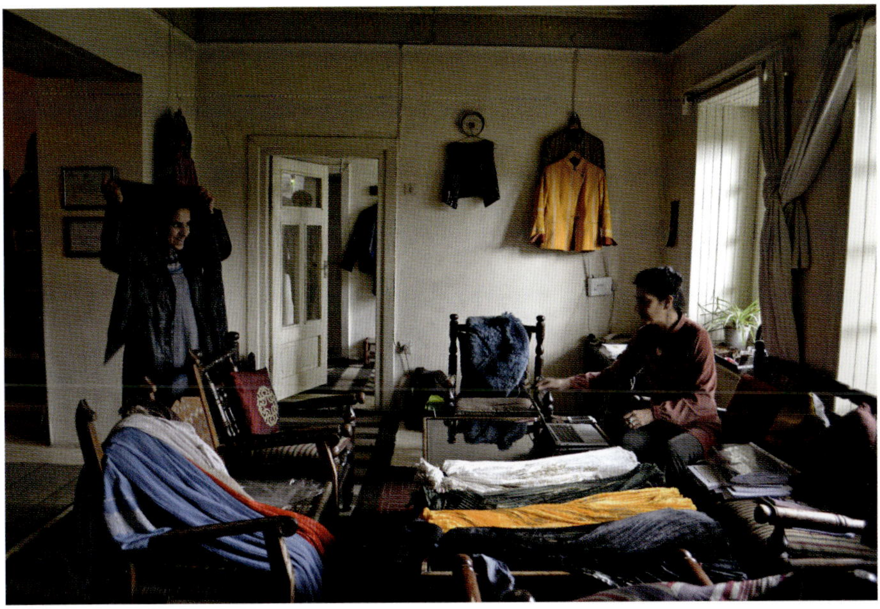

Atelier de Zolaykha Sherzad [Zolaykha Sherzad workshop], Kaboul, 2019

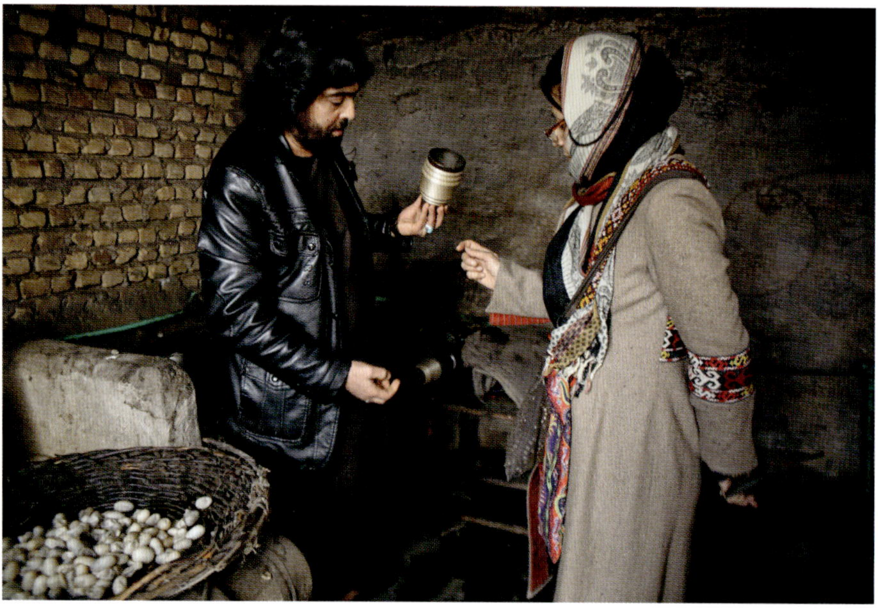

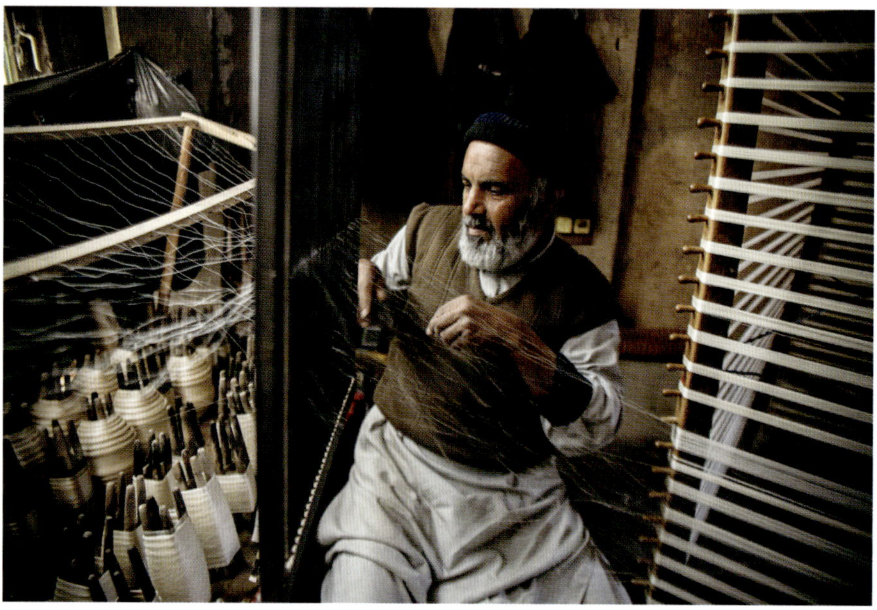

Silk manufacturing workshop [Atelier de fabrication de soie], Hérat, 2018

My studio is in Afghanistan and follows the thread of weaving, that of creating garments. In Heart I chose silk and work closely with a silkworm breeder. I also find turbans that I use for tunics and pirhan tomban *(traditional male clothing) which I redesign. There is a rose that you can find only in Herat. In Mazar-e Sharif I visited five weavers who work with cotton, silk and wool. Each family of weavers produces their own distinct motifs and sometimes they bring in other weavers for the needs of the decoration. They draw on traditional and ancestral motifs but some offer variations in colours and forms. In the north, they are influenced by Uzbek decoration. In Kabul they try to do more experimental work on dyes or weaving. The one who pleated the fabric of the* chadaree *in the installation* Hawa-ye Azad *managed to almost double the width of the fabric, which went from 40 cm to 75 cm. The advantage is that this way I lose less material when it is cut. Finally, in Kabul I have my own studio at Shahr-e Naw, in the centre, comprising several spaces: one for men's clothing, another for women's clothing. There is an embroidery workshop and I sometimes work with calligraphers. One last studio is in the old town of Murad Khani, which is for training. My designs are collective. I listen to each craftsman, to each member of his time, then we exchange. Their enthusiasm is vital.*

At the initiative of Zarif Design there was the idea of restoring dignity to men's and women's bodies that had been abused by the war. I designed cuts inspired by current fashions while continuing to honour Afghan crafts and their history. If, to begin with, for economic reasons, these garments were worn mainly by Westerners, Afghans gradually came to appreciate the models and other designers even took inspiration from them, putting traditional motifs back in fashion. That's what matters to me.

Everything is done by hand by independent artisans who make the effort not to give in to economic pressures. The competition from China is very real. They are able to reproduce the colours and motifs on synthetic materials for a lower price. That is how most chadarees *are made. Fifteen years ago, my propositions were seen as naff for Afghans, but in contrast expatriate Westerns dreamed of singularity and authenticity. For me, it was a way of getting these magnificent fabrics and embroideries out into the city, and even beyond our frontiers, and of showing part of Afghan culture. It was also a way of keeping the workshops active and preserving disappearing skills. There are about thirty men and women who have been working full time for Zarif Design for nearly fifteen years. It is vital to support their independence, which is still seriously threated in Afghan society.*

With Hawa-ye Azad *I wanted to sculpt in space, to re-establish the history of the* chadaree *and to pay tribute to the women who cannot be reduced to this garment. Contrary to what is though, the* chadaree *has enabled women to get out of private space, to walk around the city and to have greater freedom. My grandmother wore this garment with elegance and pride. I am not trying to revive the polemic over the veil or to promote this garment which in fact almost completely covers up a woman. It is just that it also says a great deal about our histories and our traditions.*

Hawa-ye Azad *is an installation in silk. There is gold calligraphy on the original version. The pleating technique was inspired by the traditional way of wearing the* chadaree. *The work takes its form from the letter "he do cheshma," the first letter in the word* hawa *which in Dari means air, time, space or wind. Hanging like this in pace, this structure, by the dynamic of its curves, inspires the infinite repetition of a circular movement. It evokes the wind, suspension and mystical thought.*

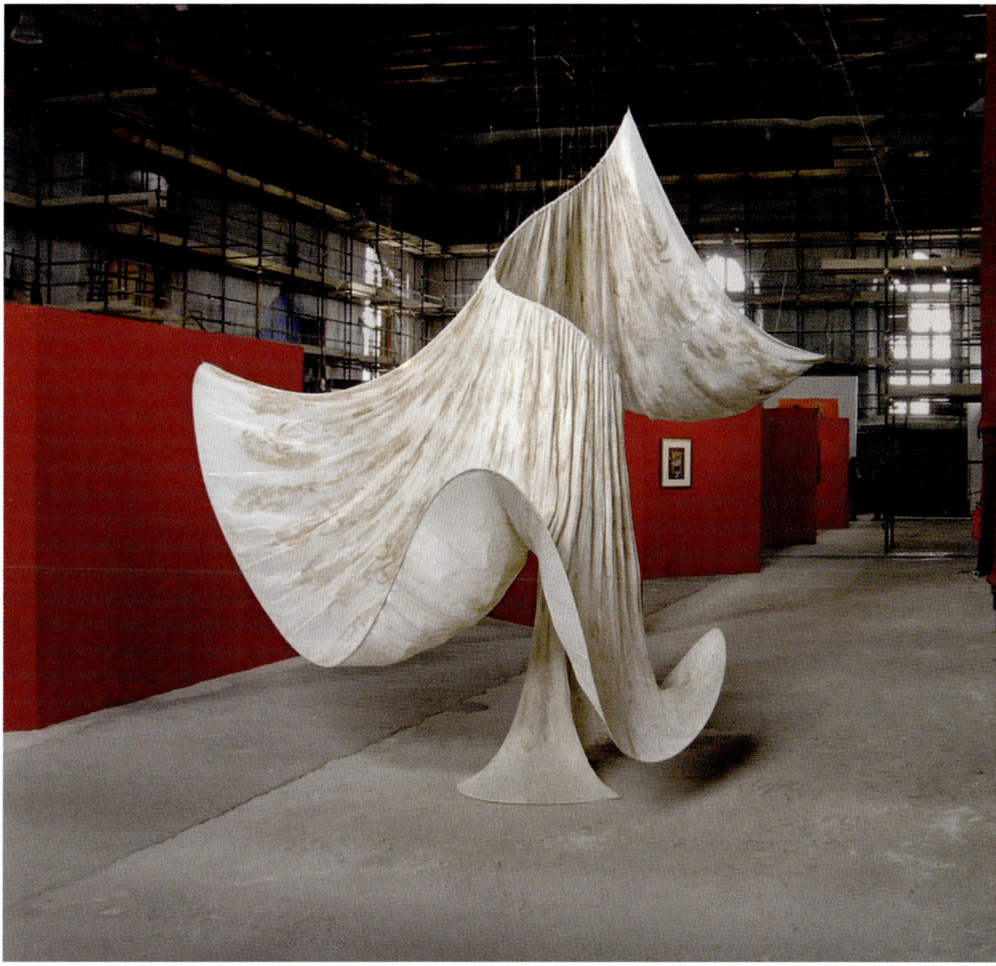

Zolaykha Sherzad, *Hawa-ye Azad* [Espace libre | Free space]
Biennale de Venise, 2009
Installation, pièce de soie | Installation, silk piece
Dimensions variables   Collection de l'artiste

Cet ouvrage a été conçu à l'occasion de l'exposition "*Kharmohra*. L'Afghanistan au risque de l'art", présentée au Mucem du 21 novembre 2019 au 1er mars 2020.

COMMISSARIAT DE L'EXPOSITION

Commissaire générale : Guilda Chahverdi
Conseillère scientifique : Agnès Devictor

Cette exposition a été réalisée en partenariat avec l'ambassade de France à Kaboul et l'Institut français d'Afghanistan.

Liberté • Égalité • Fraternité
RÉPUBLIQUE FRANÇAISE
AMBASSADE DE FRANCE EN AFGHANISTAN

INSTITUT FRANÇAIS
Afghanistan

Aziz Hazara, artiste présenté dans cette exposition, a bénéficié en 2019 d'une résidence d'artiste à la Fondation Camargo, à Cassis.

CAMARGO FOUNDATION

Liberté • Égalité • Fraternité
RÉPUBLIQUE FRANÇAISE
Ministère Culture

Mucem

Le musée des civilisations de l'Europe et de la Méditerranée (Mucem) est un établissement public national à caractère administratif placé sous la tutelle du ministre chargé de la Culture.

MINISTÈRE DE LA CULTURE

Ministre de la Culture :
Franck Riester
Directeur général des patrimoines :
Philippe Barbat
Cheffe de service des musées de France :
Anne-Solène Rolland

MUCEM

Président :
Jean François Chougnet

Directrice scientifique et des collections :
Émilie Girard

Administratrice générale :
Catherine Sentis

Équipe de direction :
Sylvia Amar, Julie Basquin, Julia Bivaud, Cécile Dumoulin, Aude Fanlo, Jean-Christophe Ginoux, Zeev Gourarier, Vanessa Hen, Adrien Joly, Laure Lane, Mikaël Mohamed, Sophie Sepetjan, Thierry Torres

Coordination de l'exposition au Mucem

Chargée de production :
Laetitia Olivier

Assistante de production :
Marie Goletti

Régie des œuvres :
Marilyne Besnier
Jean-Luc Delest

Coordination technique :
Benjamin Saint Maxent
Freddy Peretti

Chargée de production audiovisuelle :
Nathalie Bély

Responsable technique multimédia :
Filippo Vancini, assisté de Lucas Calloch

Chargée de la diversification des publics :
Juliette Espié, assistée de Sylviane Campolo et Margaux Serra

Responsable des relations internationales :
Mikaël Mohamed

Responsable du mécénat :
Victor Jacques, assisté de Morgane Prothière

Chargée des relations presse :
Muriel Filleul

Scénographie :
Anaïde Nayebzadeh

Graphisme :
Géraldine Fohr

Nous remercions chaleureusement les artistes et les particuliers qui, par leur soutien et leurs prêts généreux, ont permis d'accomplir ce projet.

Remerciements des commissaires

Nos remerciements vont d'abord à Jean François Chougnet qui a offert une place à l'Afghanistan improbable au Mucem, à Mikaël Mohamed pour avoir su manier les nuances qu'implique ce contexte sensible, à l'équipe de production avec qui nous avons travaillé de près, Laetitia Olivier, Agathe Salgon, Marie Teisseire, Marie Goletti et Nathalie Bély pour l'audiovisuel. Avec générosité, curiosité et patience, elles ont écouté les artistes et nos préoccupations, toujours en quête de solutions. Merci à Sylvia Amar pour son regard attentif et ses précieuses suggestions, à Anaïde Nayebzadeh, scénographe de cette exposition, à Marilyne Besnier pour le soin apporté aux œuvres et à Yolande Padilla pour son enthousiasme.
Notre immense reconnaissance va au corps diplomatique et à l'équipe de coopération en Afghanistan pour l'intérêt qu'ils ont porté à cette exposition, leur soutien et sans qui le travail sur le terrain n'aurait été possible : messieurs les ambassadeurs Jean-Michel Marlaud et David Martinon, Pascal Hanse, Anne Duruflé, Julien Lecas et l'ensemble de l'équipe de l'Institut français d'Afghanistan pour son aide chaleureuse et son efficacité, particulièrement Mohammad Mehdi Zafari, Hassan Karimi, et Homaira Fazli.

Nous remercions Abdel-Ellah Sediqi, ambassadeur d'Afghanistan en France pour son regard bienveillant à l'égard de ce projet.

Merci à Laure Lane, Natacha Cauvin, Anne André, Aude Gros de Beler et Roxane David pour la fluidité dans les échanges, leur minutie remarquable et leur humilité. Merci au soin perfectionniste de Charles Penwarden, le traducteur de cet ouvrage en anglais, et à Brice Tourneux, graphiste.
Merci aux artistes de cette exposition, aux auteurs de cet ouvrage et à tous ceux qui ont apporté des clarifications ponctuelles et spécifiques sur la société afghane, les langues, l'art et les traditions du pays : Khaled Majrouh, Najib Manalaï, Daniel Septfonds, Michael Barry, Belgheis Alavi, Béatrice Boyer.
Merci à Haroon Noori et la société de production afghane Daf Records. Merci à Nancy Dupree, dont l'humanité et l'œuvre scientifique réalisée en Afghanistan sont source d'inspiration.

CATALOGUE

Direction d'ouvrage :
Guilda Chahverdi et Agnès Devictor

Traductions du français à l'anglais
(à l'exception de Saeed Parto,
Lucile Martin et Adam Baczko) :
Charles Penwarden

Traductions du dari au français :
Guilda Chahverdi

Graphisme :
Brice Tourneux

ÉDITIONS DU MUCEM

Responsable des éditions : Laure Lane
Coordination de l'édition : Natacha Cauvin et Roxane David
Iconographe : Anne André

ACTES SUD

Direction éditoriale : Aude Gros de Beler
Fabrication : Laurence Gibert
Photogravure : Christophe Girard

ISBN : 978-2-330-12830-2
Dépôt légal : novembre 2019

Cet ouvrage a été achevé d'imprimer en octobre 2019 par Sepec (France) pour le compte des éditions Actes Sud, Le Méjan, place Nina-Berberova, 13200 Arles.

Crédits photographiques

Couverture et p. 112, 114, 115 : © Mohsin Taasha
p. 4, 15, 63, 64, 66h, 67, 84, 85 : © M. Mahdi Hamed Hassanzada, photo David Giancatarina
p. 10, 106, 107, 139, 140, 142, 143 : © Morteza Herati
p. 20 : © Géraldine Fohr, d'après une carte de Laura Margueritte, parue dans *Moyen-Orient* n°42 (avril-juin 2019)
p. 42 : © Majority World/UIG / Bridgeman Images
p. 45 : © Géraldine Fohr
p. 46 : © British Library Board. All rights reserved/Bridgeman Image
p. 58 : © Farzana Wahidy/AP/SIPA
p. 59 : © Farzana Wahidy/AFP
p. 60 : Ancien atelier de M. Mahdi Hamed Hassanzada, Kaboul, avril 2019 © Guilda Chahverdi
p. 66b : © M. Mahdi Hamed Hassanzada
p. 68 : Palais de Tokyo, Paris, mai 2019 © Pedro N'guyen Long Cong
p. 71 : © Photo Naim Karimi
p. 72 : © Mina Mond, photo Fred Hurst
p. 74 : © Kaveh Ayreek anime un atelier théâtre à Hérat avec des enfants de familles déplacées (Unesco) © Amin Noroozip
p. 77, 78 : © Photo Hadi Moravedj
p. 86, 87, 119, 120 : © Farzana Wahidy
p. 88 : Kaboul, août 2018 © Guilda Chahverdi
p. 91h : © David Giancatarina
p. 91b p. 108, 111, 150, 153 : © Guilda Chahverdi
p. 94 : Kaboul, avril 2019 © Guilda Chahverdi
p. 97, 100 : © Aziz Hazara, photo David Giancatarina
p. 116 : Farzana Wahidy à Hérat, mai 2019 © Farzana Wahidy
p. 122 : Kaboul, février 2018 © Guilda Chahverdi
p. 125 : © Latif Eshraq
p. 126, 128, 129 : © Latif Eshraq, photo Naseer Turkmani
p. 134, 135 : © Aziz Hazara
p. 136 : Studio de photographie des Herati © Guilda Chahverdi
p. 144 : Au studio d'enregistrement Daf Records, Kaboul, avril 2019 © Guilda Chahverdi
p. 147, 148 : © Asar Laiq, photo Institut français d'Afghanistan
p. 154 : © Oriane Zérah
p. 157 : © Zolaykha Sherzad